Liebe Leser und Leserinnen in Korea!

Es freut mich, dass mein Buch über die Versöhnung nun auch in Korea erscheinen kann. Nach Versöhnung sehnen wir uns alle. Die Voraussetzung für Versöhnung ist die Vergebung. In der Vergebung befreie ich mich von der Macht des andern. So wünsche ich den Lesern und Leserinnen, dass Sie im Buch Wege finden zur Versöhnung mit sich selbst und mit andern Menschen. Nur wenn ich mit mir selbst versöhnt bin, vermag ich mich auch mit andern zu versöhnen. So wünsche ich Ihnen den Engel der Versöhnung und der Hoffnung als guten Begleiter.

Ihr P. Anselm Grün

한국의 독자 여러분!
화해에 관한 제 책이 한국에서 출간되어 참 기쁩니다.

우리는 모두 화해를 갈망합니다.
화해하려면 먼저 용서해야 합니다.
용서해야만 상대의 영향력에서 벗어납니다.
이 책을 읽으며 여러분이 나 그리고 다른 사람들과
화해하는 길을 찾으시기를 바랍니다.
자신과 화해해야 다른 사람들과도 화해할 수 있습니다.
여러분이 화해의 길을 가는 데
화해와 희망의 천사가 함께하기를 바랍니다.

안셀름 그륀 신부 드림

Zeit für Versöhnung

화해를
원해

Zeit für Versöhnung. Spaltung überwinden, Begegnung wagen by Anselm Grün
© Verlag Herder GmbH, Freiburg im Breisgau, 2023

Korean translation copyright © 2024 Catholic Publishing House

All rights reserved. No part of this book may be used or reproduced in any manner without written permission, except in the case of brief quotations embodied in critical articles or reviews.

화해를 원해

2024년 5월 8일 교회 인가
2024년 11월 22일 초판 1쇄 펴냄

지은이 · 안셀름 그륀
옮긴이 · 황미하
펴낸이 · 정순택
펴낸곳 · 가톨릭출판사
편집 겸 인쇄인 · 김대영
편집 · 강서윤, 김소정, 김지영, 박다솜
디자인 · 강해인, 이경숙, 정호진
마케팅 · 황희진, 안효진

본사 · 서울특별시 중구 중림로 27
등록 · 1958. 1. 16. 제2-314호
전자우편 · edit@catholicbook.kr
전화 · 1544-1886(대표 번호)
지로번호 · 3000997

ISBN 978-89-321-1925-0 03230

값 18,000원

성경 ⓒ 한국천주교중앙협의회, 2024.

이 책의 한국어 출판권은 (재)천주교서울대교구 가톨릭출판사에 있습니다.
저작권법에 의해 보호를 받는 저작물이므로 무단 전재와 무단 복제를 금합니다.

가톨릭의 모든 도서와 성물을 '**가톨릭출판사 인터넷쇼핑몰**'에서 만나 보실 수 있습니다.
http://www.catholicbook.kr | (02)6365-1888(구입 문의)

Zeit für Versöhnung

화해를 원해

안셀름 그륀 지음 · 황미하 옮김

가톨릭출판사

· **일러두기**
  본문에 있는 각주는 모두 역자 주입니다.

추천사

세계적 영성가의 조언

현대의 영적 스승이라 불리는 안셀름 그륀(독일 성 베네딕도회) 신부님은 입가에 미소를 머금은 소박하고 평범한 독일 이웃 할아버지였습니다. 그륀 신부님은 식사 때도 가벼운 농담을 던지며 함께하는 이들을 편안하게 만들어 주셨지요.

많은 독일인이 산행을 좋아하고, 숲이나 강변에서 자주 산책을 즐기는데, 신부님도 마찬가지라고 하셨습니다. 학생 때부터 지금까지 종종 하이킹을 하거나 등산을 가곤 하셨는데, 지금도 휴가 때면 자연을 찾아 떠난다고 말이지요. 신부님은 가족들과 함께 미사를 봉헌하고 자연에서 책을 읽으며 지내신다고 합니다. 아마 자연을 가까이에서 느끼며 하느님을 만나고 많은 영감을 얻는 것이 아닐까, 하는 생각이 듭니다.

몇 년 전 그륀 신부님께 '화해'를 주제로 글을 쓴다는 이야기를 들었는데, 드디어 그 책이 한국에서 출판되어 매우 기쁩니다. 이 글을 집필할 당시에는 기도나 묵상도 자연스럽게 화해에 관한 주제로 하게 되었다고 하셨지요. 자신과의 화해, 사회와의 화해, 서로 다른 민족들과의 화해뿐 아니라 가족이나 회사, 교회와의 화해, 그리고 자연과의 화해까지, 화해는 이 시대에 아주 중요하고 꼭 필요하다고 하신 말씀이 떠오릅니다.

교회에 대한 말씀도 하셨습니다. 지금 같은 이 위기에 더욱 창의적이고 새로운 방법으로 대응해야 한다, 코로나19 이전과 이후는 완전히 다를 것이다, 라고 강조하셨어요. 예전과 똑같이 사목한다면 교회는 더 어려워질 테니 신자들의 신앙이 생활로 잘 옮겨 갈 수 있도록 신자 개개인의 삶과 생각에도 새로운 계획과 시도가 필요하다고 말이지요. 교회는 이 부분을 어떻게 채울지 고민하며 더 겸손하고 낮은 자세로 신자들에게, 가난하고 소외된 이들에게 먼저 다가가야 한다고 힘 있게 말씀하셨습니다. 특히 교회가 고립되어 가는 많은 사람에게 다가가 적극적으로 소통하고 새로운 연대를 지닐 수 있도록 앞장서야 한다고 하셨지요. 그러고는 정진석 추기경 선교후원회가 유럽의 낮은 곳, 아픈 곳, 상처받은 곳을 보듬어 주는 것에 매우 고마워하셨습니다.

그륀 신부님은 우리들이 전통적인 신앙을 지키면서도 표현과 실천은 시대와 상황에 맞게 변화되어야 한다고 늘 이야기하십니다. 노동을 하면서 살아가는 일상의 삶에서 신자와 비신자의 차이는 없지만 신자는 일상의 삶 안에서도 신앙이 작용해야 하고, 주변 사람들을 예수님의 영으로 받아들여 모든 사람 안에서 그리스도를 발견해야 합니다. 그리스도인은 항상 주님 안에서 온전해지고 상처를 치유하고, 자신의 삶과 화해하고 예수님께서 선포하신 하느님께 눈을 뜨고 살아가는 사람이라 했지요. 그륀 신부님의 말씀에서 초대 교회의 공동체가 보여 준 선교의 개념이 코로나19 팬데믹 이후에 더욱 필요해질 것이라 생각합니다.

허영엽 마티아 신부

추천사

급변하는 시대, 화해의 가치

저자는 오늘날 우리가 해 나가야 할 도전에 주목합니다. 여러 사람이 견해가 다르고 오래된 상처를 가졌을지라도 새롭고 평화롭게 화해할 가능성을 찾아내는 것입니다. 화해는 사람과 사람 사이에 다리를 놓아줍니다. 또한 분쟁을 해결하고 오래된 상처를 치유하도록 도와줍니다. 그렇기에 화해가 평화를 얻기 위한 중요한 요소라고 합니다.

사회적으로든 개인적으로든 상처를 치유하고 서로를 결속시키는 화해의 힘은 강력합니다. 사회적 차원에서 화해가 힘을 발휘했던 예를 들어 보려 합니다. 끔찍했던 제2차 세계 대전이 1945년에 끝난 뒤, 2022년 2월에 러시아가 우크라이나를 침공하기 전까지 누렸던 유럽의 평화는 독일과 프랑스가 화해하지 않앉다면 불가능했을 것입니다. 그러나 두 나라는 화해했고, 유럽에서는 평화가 오랫동안 유지되었습니다.

화해는 개인적 차원에서도 힘을 발휘합니다. 사랑했던 부부가 갈라서면 고통과 책임, 말하지 못한 것, 그리고 때로는 증오가 이혼 후의 삶에 무거운 짐이 됩니다. 그렇더라도 자녀가 있다면 자녀를 위해 화해해야 합니다. 헤어졌어도 불편한 관계로 남지 않아야 자녀도 자신을 받아들일 수 있고, 고통과 불안 중에도 안정감을 느낄 수 있으며, 점점 피어날 수 있습니다.

정치적으로든 개인적으로든 모두가 함께 잘 살고 새로운 방향으로 나아가려면 화해할 준비가 되어 있어야 합니다. 화해는 그렇게 되기 위해 꼭 필요한 내적 태도입니다. 누군가와 화해함으로써 자기 삶을 꾸리고, 옳은 것을 행하기 위해 필요한 힘과 용기를 얻습니다. 화해할 준비와 화해할 능력, 이 두 가지 요소는 앞으로 삶의 주된 관심사가 되고 더 중요해질 것이라고 확신합니다. 그 이유는 무엇일까요?

우리는 급변하는 격동의 시대에 살고 있습니다. 정보의 홍수, 디지털화, 인공 지능 같은 기술 혁신을 비롯해 빈익빈 부익부 같은 양극화 현상, 정치적 위기, 전쟁, 종種의 멸종으로 인해 삶의 근간이 위협받는 상황, 점점 심해져 가는 기후 위기 등과 같은 문제들도 사회적 차원이나 개인적 차원에서 도전으로 다가옵니다. '시대 전환'이라는 말이 핵심어가 된 것은 이유가 있습니다. 신조어, 새로운 개념들이 삶으로 들어오고 있습니다. '가짜 뉴스'나 '팩트 체크' 같은 용어를 15년 전에 그 누가 알았습니까? 정보는 사람들이 더 쉽게 접근할 수 있기에 점점 더 강력한 무기가 되었습니다. 정치적 대립이 일어나는 곳에서, 개인적 영역에서도 마찬가지입니다.

최근 들어 빈번히 등장하는 문제와 도전들은 압도적으로 보일 때도 있고, 그로 인해 마음이 짓눌렸다고 느끼는 사람들도 많습니다. 우리는 과도한 요구를 받으면 대부분 아무 말도 못 하게 됩니다. 더 강하게 말하자면, 과도한 요구는 불확실하고 대중 영합주의적˙인 구호를 생각 없이 따라 외치도록 유도합니다. 이와 관련해 독일 역사에는 매우 슬픈 사례들이 많습니다. 어떤 문제에 단순한 답을 기대해서는 안 됩니다. 단순한 답은 우리가 당면한 여러 문제를 더 심도 있게 객관적으로 다루지 못하게 막기 때문입니다. 문제를 즉각 해결하지 못해도 다음 날, 또는 그다음 날 더 잘 해결된다는 것을 인생 경험이 가르쳐 줍니다. 그렇지만 몸

🌿 인기 영합주의 또는 포퓰리즘Populism이라고도 한다. 인기를 좇아 대중을 동원하여 권력을 유지하려는 정치적 태도나 경향을 의미한다.

에 난 상처를 즉시 치료하지 않으면, 곪게 됩니다. 심하면 부패하여 생명을 위협할지도 모릅니다.

이 부분에서 화해의 가치를 알 수 있습니다. 화해의 목표는 평화를 얻는 것입니다. 화해는 균형을 이루게 하고 평화를 가져다주지요. 건널 수 없다고 여겨지는 큰 도랑 위에 다리를 놓고, 새로운 결속을 만들어 냅니다. 화해할 준비와, 화해할 능력. 이 둘은 상대의 말을 주의 깊게 경청하도록, 다른 사람들의 견해를 인정하도록 이끌어 줍니다. 그들에게 깊이 공감할 수 없더라도 말입니다. 화해는 당사자들에게 자신의 안락한 영역에서 나올 것을 청하고, 이로써 자기 극복을 하도록 합니다. 그렇게 하면 그들은 과거와 그 당시 상황과 문제들을 새로운 관점에서 이해할 수 있게 됩니다. 화해는 당사자들이 서로 이해하고 인정할 가능성을 열어 줍니다. 그러기 위해서 한쪽은 자신의 행위에 대한 책임을 져야 하고, 다른 쪽은 용서하기 위한 자세를 내보여야 합니다.

다른 견해들과 경험들, 세계관과 하는 교류는 모두에게 다가오는 도전입니다. 이때 그 도전에 성공하는 데 화해가 큰 도움을 줄 수 있습니다. 악순환에서 벗어나 옳은 것을 바라고 실행하도록 하기 때문입니다.

격동의 시대에서 우리가 하는 도전은 현실이고, 그 앞에서 누구도 숨을 수 없습니다. 그렇지만 도전은 기회이기도 합니다. 모든 위기에는 해결책도 들어 있으니까요. 그러나 과거와, 헤어지는 사람과 평화로운 관계를 이루지 않고서는 해결책을 발견할 수 없고 도전할 수도 없습니다.

우리는 모두 같은 태양 아래서 같은 공기를 마시고 있습니다. 이렇게 함께 살아가기 위해서는 사회적, 개인적 문제의 해결책을 찾아야 합니다. 이때 화해는 우리가 고통스럽던 과거에서 벗어나 평화를 누리기 위한 중요한 요소이자, 또한 이 평화로부터 바람직한 해결책을 얻는 데 필요한 요소입니다. 이 책에서는 실제 화해할 때 사용할 수 있는 방법들을 우리에게 제시합니다. 새로운 다리를 놓으라고, 해묵은 고통을 내려놓으라고, 적극적으로 화해하라고 촉구합니다. 우리가 행복하고 주도적인 삶을 살도록 영감을 불어넣고 응원하기 위해서 말입니다.

이 흥미로운 책이 많은 분들에게 도움이 되기를 바랍니다.

발터 콜 Walter Kohl(작가, 사업가)

옮긴이의 말

더 나은 미래를 꿈꾸기 위해

　예전과는 전혀 다른 시대에 사는 우리는 개인적 영역에서든 사회적 영역에서든 위기를 감지합니다. 안타깝지만 이기적인 성향도 증가하고, 곳곳에서 증오 같은 부정적인 감정들이 자주 드러나고 있습니다. 사적으로, 직업적으로, 사회 전체에서 구성원들이 의견 충돌을 일으키면서 상처를 주는 경우도 많습니다. 이해관계로 인한 충돌과 반목 속에서 많은 사람이 자기 입장만 주장할 뿐, 상대를 배려하거나 존중할 마음 없이 살아가고 있습니다. 이런 실상에 비추어 보면 이해하고 용서하며 화해하는 자세는 절실히 필요합니다.

　이 책에서 저자는 지금 이 시기에 화해가 얼마나 중요한지, 화해에 어떤 가치가 있는지 이야기하고 있습니다. 어떻게 해야 화해할 수 있는지 각각의 입장에서 바라보고, 독일과 관련된 여러 역사적 사례와 일상과 관련된 사례들을 들면서 삶에서 실천할 구체적인 방법들을 제시합니다. 왜 화해하기가 힘든지 그 원인을 살펴봅니다. 자신의 한계를 수용하고 장애물을 뛰어넘어 '화해의 다리'를 놓으라고 촉구합니다. 나아가 누구와 화해해야 하는지 분류해서 다루고 자기 자신과 화해한 후에야 다른 화해의 길이 열린다고 강조합니다. 나 자신, 다른 사람들, 하느님과의 화해는 우리에게 필요한 영적 양식일 것입니다.

화해는 상처를 치유하고 사람들을 결속시킬 수 있다고 저자는 말합니다. "화해는 개인적 삶이 성공하기 위한 전제 조건일 뿐만 아니라 사회와 민족들 간에 좋은 관계를 유지하기 위해서도 필수적입니다. 사람들과의 화해, 민족들의 화해, 그리고 인간과 자연의 화해는 우리와 후손들이 이 지상에서 바람직하고 행복한 삶을 영위하기 위한 전제 조건입니다."

또 사례로 드는 당사자들에게도 '감정 이입'을 하며 깊이 공감하고 교감합니다. 명료하면서도 부드럽고 애정 어린 표현을 사용해 의도를 이해할 수 있게 하고 좀 더 평온한 마음을 갖도록 도와줍니다.

우리는 다른 사람들을 빠르게 평가하고 판단하려는 성향이 있습니다. 이 때문에 오해와 갈등이 생기고 관계가 멀어지기도 하지요. 이러한 상황을 마주하지 않으려면 상대를 정확히 바라보려는 노력이 필요합니다. 그렇게 하다 보면 사람을 편견 없이 받아들여 좋은 관계를 맺을 수 있습니다.

상처받거나 갈등을 겪을 때면, 자신과 화해하기 위해 노력하고 상대와 화해하기 위해서도 힘써야 합니다. 진정으로 화해하며 살아간다면, 이는 결국 행복한 삶을 위한 초석이 됩니다. 자신이나 다른 사람들에게 품은 부정적인 감정에서 벗어나 유대와 결속을 이룰 수 있으며 더 나은 미래와 더 나은 세상을 꿈꿀 수 있습니다. 이 책을 읽는 모든 분들이 그런 삶을 살 수 있기를 간절히 바랍니다.

2024년 초가을
황미하

차례

추천사 _ 세계적 영성가의 조언 허영엽 마티아 신부 • 5
급변하는 시대, 화해의 가치 발터 콜 • 8
옮긴이의 말 _ 더 나은 미래를 꿈꾸기 위해 • 13

서문 _ 분열하지 말고 화해하기 • 18
화해하기는 왜 어려울까?

1장 화해의 다리 놓기

마음에서 마음으로 • 33
선입견 내려놓기 • 36
상처에서 벗어나기 • 40

2장 모든 존재와의 화해

자신과 화해하기 • 47
다른 사람들과 화해하기 • 67
자연과 화해하기 • 114
하느님과 화해하기 • 119

3장 화해의 모범

야곱과 에사우 • 129
요셉과 형제들 • 132
안티오키아 공동체 • 135
사울과 다윗 ― 화해하지 못한 관계 • 137
이 시대의 모범 • 139

4장 화해의 열매

평화 • 148　**자유** • 150　**신뢰** • 153　**결속** • 154　**창의성** • 156
정의 • 158　**조화** • 161　**용기** • 162　**희망** • 164

맺음말 _ 모든 화해는 새로운 시작이다 • 169
주 • 177

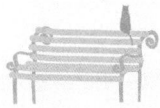

서문

분열하지 말고 화해하기

　최근 몇 년 사이 신문에서는 적개심이 증가하는 사회 현상을 자주 보도했습니다. 이러한 현상을 더 알아보기 위해 뮌스터 대학교 연구팀이 사회의 분열 현상을 연구하고, 독일과 프랑스, 폴란드, 스웨덴에 사는 5천 명 넘는 사람들에게 의견을 물었습니다. 그러고는 2021년 여름, 그 결과를 책으로 펴냈습니다.[1] 이 연구를 통해 사회에서 실제 두 그룹이 적대적인 관계를 맺고 있다는 사실이 드러났습니다. '온건파'와 '급진파'입니다. 온건파는 빠르게 변화하는 사회에 위협을 느끼고 자신들의 안전과 국가의 안보를 염려합니다. 급진파는 사회의 변화가 빠르다고 여기지 않으며 최대한 개방하고 다양성을 받아들이기를 요구합니다. 두 그룹은 오래전부터 존재했습니다. 최근에는 이민 정책, 경제 위기, 기후 위기, 세계적 전염병이 그들을 대립하게 합니다. 그렇지만 이민 정책, 환경 보호, 세계적 전염병을 어떻게 할지 논의하는 것이 아니라 찬성과 반대만 존재할 뿐입니다. 상대의 논증을 듣지 않고 자신들만 옳다고 주장합니다. 누군가는 공격적인 견해를 내놓아 갈등을 고조시킵니다. 음모론자들은 자신들을 맹목적으로 따르는 이들을 끌어들이려 합니다. 그들은 자신과 생각이 다른 사람들의 활동을 특정한 이론을 바탕으로 비난하고, 우크라이나에서 일어난 전쟁은 코로나19에 대한 관심을 다른 방향으로 돌리는 데에 기여하는 것이라고 주장합니다. 또한 전임 총리 앙겔라 메르켈Angela Merkel은 히틀러가 만들어 낸 인물이며, 그의 정책을 다른 수단으로 이어 갔다고 합니다. 빌 게이츠Bill Gates가 백신을 전 세계에 보급한 것은 더 많은 돈을 벌기 위해서라고 합니다. 그런 이론에 현혹되는 사람은 토론할 준비가 되지 않은 것입니다. 누군가가 그 이론에 이의를 제기하면, 이는 본인이 '빌 게이츠나 메르켈에 대한 음모론'을 지지함을 드러내는 신호일 뿐입니다.

일부 환경 운동가들은 단식 투쟁을 하거나 도로를 봉쇄하면서 자신의 목표를 관철하기 위해 과격한 시위를 벌입니다. 이런 단체들은 토론할 시간은 없다고 하고 대화하기를 거부하며, 모든 것을 권력의 문제와 결부시킵니다.

"누가 사람들을 지배하는 권력을 가졌을까?"

환경 운동가가 기후 위기에 맞서 격렬하게 행동하는 것처럼 어떠한 사상에 고립되어 있으면 가족들은 다투게 되고, 친구와의 우정은 깨집니다. 새로운 언론 매체를 타고 퍼져 가는 비열한 풍조도 우리가 직면한 사회의 일면입니다. 일부 정치가들이나 학자들, 작가들, 저명인사들도 그런 풍조에 젖어 있습니다.

우리가 이 모든 현상을 관찰한다면 크게 분열된 사회에 관해 이야기할 수 있을 것입니다. 사회 연구에 몰두하는 학자들은 자신들의 경험적 연구에 근거하여 다른 결과를 내놓았습니다. 뮌스터 대학교 연구팀은 독일에서 '온건파'와 '급진파'에 속하는 이들은 소수에 불과하다, 대다수는 대화할 준비가 되어 있다, 라고 합니다.[2]

그로닝겐Groningen 출신의 사회심리학자 톰 포스트메스Tom Postmes도 다양한 위기 시나리오를 연구하여, 위기는 사회를 분열시키는 것이 아니라 사람들이 연대하도록 촉구한다는 결론을 내렸습니다.[3]

일부 매체는 에너지 위기로 인한 사회 분열을 예측했습니다. 베를린 대학교 재해연구소장 마르틴 보스Martin Boss는 그 예측이 위험하다고 말합니다. 사회 분열에 관해 이야기하다 보면 예측이 맞지 않음을 증명할 수 있습니다. 베를린 대학교 사회학과 교수인 지몬 토이네Simon Teune도 이와 유사한 시각으로 바라보며 다음과 같이 말합니다. "민중이 봉기하는 모습을 벽에 그리는 사람은 본인만 옳다고 여기는 자들과 음모론을 신봉하는 자들의 활동 영역을 넓혀 준다."[4] 사회에 대해서 그릇된 평가를 하는 사람들은 현실에 나쁜 영향을 미칠 수 있고[5] 모든 것을 분열을 조장하는 색안경을 끼고 바라봅니다.

보스는 이렇게 확신합니다. "나는 사회 구성원이 갈라졌다고 믿지 않는다."[6] 사회의 대다수 시민은 민주주의를 신뢰하고, 자유롭게 연대합니다.

사회학자 슈테펜 마우Steffen Mau 역시 우리가 분열된 사회에서 산다는 것을 부인합니다. "우리는 많은 새로운 갈등을 안은 채 정서적으로 격양된 사회에서 살고 있다. 우리에게 충격을 주는 것들이 있긴 하지만, 이런 이유로 사회가 분열되는 것은 아니다."[7] 그는 사회적 상황을 성급히 평가하지 말라고 경고합니다. 마우는 사회 분열을 '불안 가상假想 시나리오'로 여깁니다.

지금까지 언급한 사회학자들의 공통된 견해는 오늘날의 상황이 우리를 긴장시키고 사회에서 받는 스트레스를 보여 준다는 것입니다. 물론 이 학자들은 사회 안에 많은 갈등이 존재한다는 것, 강력한 힘을 가진 위기 역시 더 강해질 수 있다는 것을 압니다. 그렇지만 대화는 가능하다고 생각합니다. 사회가 직면한 긴장되고 격양된 상황에서 경험적 연구를 신뢰하는 것은 바람직합니다. 사회가 갈라지지 않고 연대하도록 화해를 의식적으로 생각하는 것도 도움이 됩니다. 화해는 사람들을 분열시키지 않고 결속시키기 때문입니다.

이 책에서 저는 어떻게 해야 화해할 수 있는지 깊이 생각해 보고, 그 방법들을 제시하려 합니다. 그렇지만 다른 사람들과 화해하기 위해서는 매우 중요한 조건이 있습니다. 자신과 화해하고 하느님과 화해하는 것입니다. 자신 안에서 분열된 사람은 다른 사람들도 분열시키기 때문입니다. 그 밖에 화해라는 주제를 다룰 때 누구나 몰두하는 몇 가지 질문도 던질 것입니다. "왜 사람들은 화해하지 못할까? 화해하려면 우리가 어떤 조건들을 갖춰야 할까?" 결국 화해는 우리에게 무엇을 가져다주느냐, 화해의 열매는 무엇이냐 하고 묻는 것입니다. 화해하라고 윤리적인 측면에서 설교하는 것은 중요하지 않습니다. 화해를 하면 무슨 이익을 얻을 수 있는지를 주요 관심사로 삼아서도 안 됩니다. 그런

데 많은 사람이 화해와 같은 어려운 주제에 다가가지 않고, 주도적이고 행복한 삶을 살기 위해 필요한 실제적 유익도 깨닫지 못합니다.

저는 사람들이 마음속 깊이 화해를 갈망하도록 염원하면서 이 책을 썼습니다. 이따금 긴장이 감도는 순간에는 화해 이야기를 하는 것도 필요하다고 봅니다. 화해에 관해서 함께 생각해 볼 수 있고, 화해하기를 바라는 사람들의 마음도 톡톡 건드릴 수 있습니다. 저는 화해에 대한 갈망이 사회, 가정, 인간관계, 회사, 공동체에서 분열 대신 결속을 만들어 낸다고 확신합니다. 그렇기에 화해를 윤리적 관점에서 기술하지 않고, 사람들이 화해하면서 굳세어지도록, 화해의 치유력과 결속력을 신뢰하는 마음을 지니도록 여러 가능성과 방법을 제시하려 합니다.

화해하기는 왜 어려울까?

사람들이 화해하기 어려워하는 이유는 여러 가지가 있습니다. 그중 두려움을 느끼는 3가지 상황을 살펴보겠습니다.

두려움, 통제력 상실

화해하려면 갈등을 풀고 새로운 관계를 맺기 위해 애써야 합니다. 그러려면 나 자신에게서 나와야 하지요. 이는 불안정함을 유발합니다. 자신의 감정을 통제해야 하는 사람들은 제 입장을 주장해야만 안정감을 느낍니다. 그러면 다른 사람에게 마음을 열지 못하고 관계를 맺지도 못합니다. 어린 시절부터 부모에게서 통제하는 법을 배운 사람은 제 감정을 잘 드러내지 않고, 통제하지 못할까 봐 불안해합니다. 그렇지만 마음을 열 때 합리적 논증만 중요한 것은 아닙니다. 내가 상대에게 느끼는 감정과 상대가 나에게 느끼는 감정도 중요합니다.

자존감이 부족하면 자신을 통제하려는 욕구는 더 커집니다.

자신에게 믿음을 갖지 못하는 데다가 다른 사람들이 제 약점을 알아채지 못하게 해야 하기 때문입니다. 그렇게 끊임없이 통제하다 결국 자신에게 부정적 시각을 지니게 됩니다. 어떤 여성은 저에게 이렇게 이야기했습니다. "저는 침묵으로 들어갈 수 없어요. 그때 제 안에 있는 화산이 폭발하거든요." 그래서 그 여성은 늘 자신을 통제해야 했고, 마음의 평온을 얻지 못한 채 살아왔습니다.

어린 시절부터 통제하는 법을 배운 사람들은 사회생활을 잘하고 더 쉽게 출세합니다. 성공의 사다리를 더 높이 올라가는 데 '자기 통제'가 큰 도움이 되지요. 언뜻 보면, 그들은 올곧고 안정적으로 생활하며 위기는 전혀 없는 듯 보입니다. 그렇지만 자기 통제가 압박이 되면, 다른 이와 만남을 갖지 못하게 되고 화해하기도 어렵습니다.

이런 말이 있지요. "모든 것을 통제하려는 사람은 결국 아무것도 통제하지 못한다." 자신의 감정을 통제하려는 사람은 누군가가 제 약점을 건드리면 과민 반응을 보일 것입니다. 모든 것을 통제하려는 사람에게는 화해할 능력이 없습니다. 늘 화해하지 못한 채 살아가면, 언젠가는 삶을 전혀 통제할 수 없게 됩니다. 남들과 싸울지도 모른다는 생각을 하게 되고 언제나 내 불안과 실수를 들추어내거나 나에게 해를 가하려는 사람들을 두려워하면서 살아갈 수밖에 없습니다. 그렇게 두려움을 느낄수록 더욱더 자신을 통제하려 합니다. 그렇게 악순환이 계속됩니다.

두려움, 거부

'화해'라는 라틴어 '레콘실리아티오reconciliatio'에는 '관계와 공동체가 원상회복됨'이라는 의미가 있습니다. 여기서는 이미 관계와 공동체가 해를 입었다는 사실도 포함되어 있는 것입니다. 따라서 지금 이대로의 관계와 공동체를 유지해 나가는 것은 바람직하지 않음을 솔직히 인정해야 합니다. 그런데 많은 사람이 진실을 피합니다. 모든 것이 괜찮은 듯 행동합니다. 그런 사람들은 음모, 적개심, 긴장, 분열이 존재하는 그런 관계 안에서 피상적인 관계를 맺으며 살아갑니다.

사람들은 자신이 긴장과 분열에 관해 이야기하면, 다른 사람들을 불편하게 할지도 모른다는 두려움을 느낍니다. 차라리 진실을 감추고, 모든 것이 괜찮은 듯 행동하려 하지요. 아무 문제 없는 듯 행동해야 좋은 관계를 맺을 수 있다고 확신합니다. 오직 나만 문제를 가지고 있을지도 모릅니다. 나만 모든 것을 부정적으로 볼지 모릅니다. 아니면 다른 사람들은 공동체의 좋은 분위기를 흐려 놓거나 망친다고 나에게 책임을 전가할지도 모릅니다. 갑자기 생긴 갈등의 책임을 뒤집어씌우고 평화를 깨뜨리는 이로 나를 낙인찍을지도 모릅니다. 아니면 갈등이 생긴 이유는 나 때문일지도 모릅니다. 나 때문에 조화로운 관계가 갑자기 깨질지도 모릅니다.

화해하려면 우리를 갈라놓는 갈등에 관해서 마음을 열고 이야기해야 합니다. 그러나 많은 사람이 갈등을 대하기를 두려워합니다. 자신의 본모습을 마주해야 하기 때문입니다. 본모습은 자신이 외부에 내보이는 만큼 멋지지 않기에 그 모습에 관해 이야기하기를 두려워합니다. 비난받을까 봐, 거부당할까 봐 두려워합니다. 불편한 것들을 털어놓으면 피상적으로 어느 정도는 원만하게 지내는 상대가 자신을 거부할지도 모른다는 두려움을 갖게 됩니다. 차라리 갈등을 몰아내거나 부인하면 어느 정도는 평화롭게 살 수 있습니다. 그렇지만 곧, 그것은 현실이 아님을 자각하지요. 삶에서 많은 것이 배제되기 때문입니다.

일부 사람들은 진실보다 어둠 속에서 사는 삶을 선호합니다. '진실'에 해당하는 그리스어 '알레테이아Aλήθεια'는 모든 것 위에 드리워진 베일을 걷어 내고 실상을 있는 그대로 바라보는 것을 의미합니다. 예수님께서 말씀하십니다. "진리가 너희를 자유롭게 할 것이다."(요한 8,32) 진실이 밝혀져야 화해할 수 있습니다. 그러나 많은 사람이 진실을 드러내기를 두려워하고, 몰아내기 때문에 삶은 어떤 식으로든 비현실적이 됩니다.

우리가 갈등에 어떻게 대처할지는 자신이 지금까지 살아온 삶에 달렸습니다. 어린 시절부터 항상 부모가 갈라설지도 모른다는 두려움 속에서 살았다면 성인이 되어서도 모든 갈등을 몰아내려 할 것입니다. 항상 조화를 이루려고 안간힘을 쓰면서 모든 것이 제대로 되어 간다고 자신을 다독이면서 말입니다. 그렇지만 발아래 디딜 땅이 사라진 듯합니다.

그룹 내에 갈등이 감돈다는 것, 또는 친구들 사이에, 부부나 연인 사이에 많은 것이 더 이상 맞지 않는다는 것, 잠재의식 속에 많은 갈등이 존재한다는 것을 인정해야 하지만, 다른 사람들도 갈등을 몰아내기 때문에 실제로 화해하기는 불가능합니다. 관계는 피상적으로 유지됩니다. 피상적인 것 아래 모여든 것, 공격하라고 촉구하는 것은 언젠가 폭발해 화해할 기회를 놓칠 수도 있습니다.

두려움, 화해의 실패

내가 상대에게 다가가서 우리의 다른 점을 규명하고 화해의 길을 모색하더라도, 상대가 실제로 이에 응할지는 보장할 수 없습니다. 꿈쩍도 하지 않을 수 있고, 분열에 대한 모든 책임을 나에게 전가할 수 있습니다. 화해하기를 거부할 수도 있습니다. 그렇게 되면 상대와의 관계는 더 어려워집니다. 그룹 내에서도 마찬가지입니다. 갈등에 관해 이야기해 보아도, 해소되지 않을 수 있습니다. 그룹 내의 분위기가 더 나빠지기만 할 수 있지요. 예전에는 사람들이 어울려 살았습니다. 그렇지만 지금은 분열이 점점 더 심해져 가고 있습니다. 표면적으로 조화를 이루며 살았던 시대보다 지금이 더 힘들어지고 있습니다. 갈등은 풀리지 않고 점점 더 격해집니다.

화해가 실패하면 예전처럼 살 수 없습니다. 사람과 교류하기 위해 새로운 길을 찾아야 합니다. 다른 사람을 어떻게 만나야 하는지 알지 못해 외로워지기도 합니다. 그룹 안에서 화해하지 못했다면 계속 활동하기 힘들어집니다. 화해하지 못한 사람을 날마다 마주치는 것은 힘든 일입니다. 어떤 사람들은 화해하지 못하면 그 마음이 적개심으로 바뀔까 봐 두려워합니다. 적개심은 이어서 누군가를 끊임없이 옭아맵니다.

화해하지 못한 것은 내 안에서 죄책감을 불러일으킬 수 있습니다. 관계가 악화된 것은 내 책임이다. 내가 갈등을 드러내어 말했기 때문이다. 다른 사람들의 바람을 제대로 들어주지 않았기 때문이다. 결국 화해하지 못한 것도 내 책임이다. 이런 식으로 죄책감을 가진 채 살고 싶지는 않겠지요. 그와 상관없을지라도, 화해하지 못하면 이롭지 않습니다. 다른 사람들이 나에게 맞서 무언가를 행하고 나를 거부하는 곳에서, 인간관계를 맺어 가기 힘든 곳에서 살아갈 수밖에 없습니다. 결국 내적 에너지를 잃고 위축됩니다.

1장

화해의
다리 놓기

마음에서 마음으로

누나가 1955년에 오페어*로 프랑스에 가게 되었을 때, 많은 친척과 지인이 크게 우려했습니다. 제2차 세계 대전 때문에 독일과 프랑스가 지녀 온 적개심이 더 강해졌기에 독일 여성이 프랑스 가정에서 일하기는 쉽지 않다고 하면서 말입니다. 그렇지만 아버지는 누나를 격려하면서 이렇게 말했습니다. "가서 다리를 놓아라." 가톨릭 신자인 누나는 다리를 놓으러 떠나 어느 개신교 가정에서 일하게 되었습니다.

누나가 집으로 돌아온 지 몇 년 뒤에 그 프랑스 가족은 당시

---

* Au pair, 프랑스어에서 유래한 말로 외국인 가정에서 아이들을 돌봐 주며 숙식을 제공받는 일이다.

뮌헨 인근에 살던 제 가족을 방문했습니다. 그렇게 지속적으로 교류하는 다리가 놓였습니다. 아버지가 누나에게 해 주었던 말은 그때부터 제 모토가 되었습니다. 그래서 저는 제 책으로 다른 민족들과 문화권 사이에, 가톨릭 신자들과 개신교 신자들 사이에, 믿는 이들과 믿지 않는 이들 사이에, 성공한 사람들과 실패한 사람들 사이에, 지도자들과 그들이 이끄는 이들 사이에, 건강한 이들과 병든 이들 사이에, 상처받은 이들과 상처 준 이들 사이에 다리를 놓으려 했습니다. 화해하려면 누군가가 다리를 놓아야 하니까요.

다리는 서로 떨어져 있는 해안이나 산들을 연결합니다. 강이나 골짜기를 이어 줍니다. 우리는 어느 해안에 서서 맞은편 해안을 바라볼 수 있습니다. 해안들은 서로 떨어진 채 있지만 다리 덕분에 결속되어 있습니다. 이는 화해를 보여 주는 아름다운 표상입니다. 여러 단체, 다양한 의견과 사조는 각각 고유성을 지니고 있습니다. 그러나 절대적으로 분리되어 있는 것은 아닙니다. 마주 보는 해안이나 산에 사는 사람들은 다리를 통해 길이 나 있음을 알고, 이 길에서 만나거나 의견을 교환할 수 있습니다. 그들이 지금까지 서 있던 해안, 지금까지 지녔던 인생관은 그들에게 고향으로 남아 있습니다. 다리는 그들을 문화나 가치관이 다른 사람들과 분리시키지 않습니다. 사람들은 기꺼이 다리 위를 걸어 갑니다. 다른 해안에 사는 사람들을 알고 새로운 자연경관을 보기 위해서입니다.

화해하기 위해서는 다리뿐만 아니라 다리를 건너 다른 해안에 사는 이들에게 다가가는 사람들, 무엇이 그들을 움직이는지 진지하게 묻는 사람들이 필요합니다. 상대에 대한 관심과 열린 마음, 출발할 준비가 되어 있고 자신의 입장을 내려놓는 자세, 상대를 선입견 없이 바라보고 그에게 관심을 기울이는 자세가 필요합니다.

예로부터 다리는 결속과 중개의 상징이었습니다. 교황을 칭하는 라틴어 '폰티펙스Pontifex'라는 단어는 '다리를 놓는 자'를 뜻합니다. 그리스도인은 모두 세례 때 사제를 통해서 기름부음받았기에 적대 관계에 있는 사람들 사이에, 서로 멀어진 단체 사이에, 서로 맞서 봉기하는 민족들 사이에 다리를 놓아야 하는 사명을 지니고 있습니다.

어떤 사람들은 대화를 나누면서도 이해하지 못합니다. 당사자들을 갈라놓기 때문입니다. 이와 달리 대화하면서 다리를 놓는 능력을 지닌 사람들이 있습니다. 그들은 다른 사람들에게 견해나 입장을 바꾸라고 다그치지 않습니다. 오히려 그들의 의견을 이해하고 다리를 놓으려 애씁니다. 모든 사람이 이렇게 된다면 아무도 자신을 패배자로 여길 필요가 없습니다. 이제 당사자는 모든 사람을 위해 다리를 놓고 이 다리는 함께 대화를 나누는 이들과 그를 결속시킵니다.

사람들이 갈라지지 않도록 대화를 잘 이끌어 가고 서로 다른 입장을 가졌어도 이어 주는 기술을 가진 사람이 있습니다. 화해하지 못한 두 그룹이 계속 대립하거나 누군가가 다른 사람을 심하게 모욕한다는 것을 알아차리면, 그는 내버려 두지 않을 것입니다. 또한 자신의 의견만 고집하는 사람도 고립시키지 않고, 그에게 질문하면서 다리를 놓을 것입니다. 그들을 결속시키는 것이 무엇인지 알려 주기 위해서입니다.

선입견 내려놓기

화해하려면 많은 조건이 갖춰져야 합니다. 화해를 가로막는 장애물은 다른 사람들에게 지닌 선입견(편견)입니다. 원하든 원하지 않든 선입견은 누구나 지니고 있습니다. 그렇지만 즉각 떠오르는 선입견을 버리려고 노력하여 상대를 자신의 선입견에 맞춰 판단하지 말아야 합니다.

베네딕토 성인은 모든 사람 안에서 그리스도의 얼굴을 보아야 한다고 가르칩니다. 이 말이 누군가에게는 너무 경건한 것처럼 들릴 수도 있습니다. 그러나 이는 상대를 우리 시야에 가두지 말고 모든 사람 안에 선한 것, 좋은 씨앗, 선에 대한 갈망이 있음을 믿으라는 뜻입니다.

뮌헨의 심리치료사 알베르트 괴레스Albert Görres는 악심을 품고 악을 행하는 사람은 아무도 없고, 늘 절망한 상태에서 악한 짓을 저지른다고 합니다. 이는 악행을 저지르는 사람 역시 자신의 행위를 제한할 수 없음을 의미합니다. 그 사람 안에도 선에 대한 갈망이 있을 것입니다. 물론, 일부는 자신 안에 좋은 씨앗이 있음을 부인합니다. 자신에게 너무 절망해서 제 안에 선함이 있다는 것도 믿지 못합니다. 그러니 자신의 선함과 거리를 둘 수밖에 없습니다. 그렇지만 모든 사람 안에 좋은 씨앗이 있음을 믿는다면 이따금 기적이 일어날 수 있습니다. 도스토옙스키가 자신의 소설 《죄와 벌》에서 기술하듯이 말입니다. 이 작품에 등장하는 소냐의 사랑이 살인자 라스콜리니코프 안에서 선을 일깨웁니다. 두 사람은 그것을 내적인 부활로 체험합니다. 다른 사람 안에 선한 것이 있다는 믿음은 악을 저지른 사람들과도 화해하고 좋은 관계를 맺으며 살 수 있다는 희망을 품기 위한 조건입니다.

우리가 상대 옆에서 바라보고 체험하는 것을 단순하게 인지하는 것도 고정된 선입견(편견)에서 벗어나는 방법입니다. 상대가 취하는 모든 태도에는 의미가 담겨 있습니다. 상대를 판단하는 대신, 그 사람이 왜 그런지 이해하려고 애써야 합니다. 아마 자신이 큰 상처를 받았음을 알리고자 했을 것입니다. 또는 본인의 열등감을 극복하려는 몸부림일 수 있습니다. 우리에게 낯설게 느껴지는 이런 태도를 취하지 않더라도 그 사람은 자신에게 절망했을 것입니다. 그때 할 수 있는 일은 자신의 존재 이유를 찾는 것이겠지요. 상대를 평가하지 않고 이해하는 것, 바로 이것이 우리가 그 사람에게 다가가 화해하고 함께 살아가기 위한 조건입니다.

그다음으로는 참된 자기 인식이 필요합니다. 사막의 어느 교부는 왜 다른 사람들을 판단하지 않느냐는 질문을 받고 이렇게 대답했습니다. "나 자신을 알기 때문이네." 자신을 아는 사람은 남을 판단하지 않습니다. 선입견 없이 상대를 만나고자 애쓰며 다른 사람들에게 관심을 기울입니다. 모든 사람은 하나의 신비라는 것, 누구에게나 고유한 삶의 역사가 있다는 것을 압니다. 참된 자기 인식이 선행되었으면 상대를 알고 싶은 마음도 필요합니다. 처음엔 그 사람의 태도가 낯설게 보일지라도 먼저 자신과 거리를 두고 욕구도 내려놓으며 그에게 마음을 열어야 합니다.

마지막으로 결속력, 모든 사람과 하나가 되는 마음을 이야기하고 싶습니다. 고대 그리스 철학자들은 '하나to hen'에 관한 고유한 철학을 전개했습니다. 그들은 많은 것 외에 '하나'가 있음이 틀림없다는 것, 세상 만물 안에는 이 '하나'가 있다는 관점에서 출발합니다. 예수님께서는 죽음을 앞두고 이렇게 기도하십니다. "그들이 모두 하나가 되게 해 주십시오."(요한 17,21)

사람들은 내적으로 하나임을 알아야 합니다. 우리가 영혼 깊은 곳에서 모든 사람과 하나라고 여기면, 즉 우리와 의견이 전혀 다른 사람들과도, 갈등을 겪는 사람들과도 하나라고 여기면, 그들과 깊이 결속되어 있음을 느낄 수 있을 것입니다. 이 내적 결속이 갈등이나 분열로 인해 끊어지지 않기를 바라고, '하나'임이 영혼 깊은 곳에서 서서히 위로 올라오고 의식 안으로도 스며들기를 기도합시다. 내적으로 하나 됨을 아는 것은, 우리가 의식 영역에서 좋은 관계를 맺지 못하는 사람들과도 화해가 가능하다는 희망을 품게 합니다.

상처에서 벗어나기

누군가와 화해를 할 때, 무조건적으로 상대가 용서해 주기를 기대해서는 안 됩니다. 구동독 출신의 여성이 저에게 전화를 걸어 이야기했습니다. 아버지에게 깊은 상처를 받아 분노가 차오른다고 말이지요. 어찌 보면 이해할 만합니다. 그녀의 이야기를 들은 뒤에 저는 이렇게 조언했습니다. "당신의 분노를 이해합니다. 먼저 내적으로 아버지와 거리를 두세요. 시간이 지나면 이렇게 자문해 보세요. '아버지에게 다른 이유가 있지 않을까? 내가 어릴 때도 아버지는 지금처럼 행동했나? 나를 보호해 주지 않았나? 불안함을 느끼는 걸 알면서도 내버려 두었나?'"

그 여성은 상처가 너무 커서 화해하기를 원하지 않을 수도 있습니다. 아버지를 보는 것이 괴로워서 더 이상 보고 싶지 않을 수도 있습니다. 그렇다면 성급하게 화해하지 않아도 됩니다. 적당한 거리를 둔 채 조금 더 시간을 가져 보는 것이 좋습니다. 이때 화해가 가능하리라는 희망을 완전히 버려서는 안 됩니다.

이때 다음과 같이 질문해 볼 수 있습니다. "아버지와 화해하지 못하는 딸은 어떻게 될까?" 아버지와 화해하지 못하면 고통은 계속 남아 있습니다. 딸은 아버지가 그런 사람이라는 것, 앞으로 아버지와 거리를 둔 채 살아야 한다는 것이 슬퍼질지도 모릅니다.

그녀 안에서 무엇인가 부족해집니다.

사람에게는 부모와 이어진 뿌리가 필요합니다. 뿌리가 상했다면 두 가지 방법이 있지요. 뿌리를 없애거나 잘라 내는 것입니다. 뿌리가 잘려 나갔다면 자신의 '생명나무'를 시들지 않도록 하기 위해 다른 뿌리가 필요합니다. 친구들과의 좋은 관계, 새로 이룬 가족과의 좋은 관계가 이 뿌리를 대신할 수 있습니다. '생명나무'를 강하게 하는 영적인 뿌리도 있습니다. 하느님에 대한 믿음이 우리가 그분의 근원 안으로 들어갈 때까지 뿌리를 대신할 수도 있습니다.

현대 철학자 막스 호르크하이머Max Horkheimer는 가해자는 피해자를 완전히 제압해서는 안 된다는 것을 정의의 원칙으로 보았습니다. 가해자가 계속 가해자로 머무르면서 피해자를 완전히 제압하면 화해는 불가능합니다. 먼저 가해자는 마음이 움직여 잘못을 인정해야 합니다. 용서를 구하는 것만으로 충분하지 않을 때도 있습니다. 정의는 가해자에게 책임을 묻고 합당한 벌을 줍니다.

그러나 피해자도 마음이 움직여야 합니다. 피해자가 계속 피해자로 머물러 있으면, 다른 사람들에게 상처를 입히게 될 것입니다. 때로는 상처가 너무 커서 빨리 일어나기 어렵습니다. 우리는 이런 사람들과 동반하고 굳세게 함으로써 언젠가 힘을 얻도록 할 수 있습니다. 그들이 삶을 주체적으로 살아갈 수 있도록 말입니다.

예수님께서 '안식일에 손이 오그라든 사람을 고치신 이야기'에서 누군가가 희생자 역할에서 어떻게 벗어나는지 알 수 있습니다(마르 3,1-6 참조). 이 이야기에 한쪽 손이 오그라든 사람이 등장합니다. 그 손은 그 사람이 자기 손을 뒤로 감췄음을 비유적으로 가리키는 것일 수도 있습니다. 그 손으로 다른 사람들을 만졌을 것이고, 그들과 교류했을 것입니다. 그러나 지금은 다른 사람들에게서 떨어져 희생자로 머물러 있다고 말할 수도 있겠지요. 예수님께서 그를 보시고 말씀하십니다. "일어나 가운데로 나와라."(마르 3,3) 이 문장에서 사용된 그리스어 '에게이레ἔγειρε'는 '눈을 떠라'라는 뜻이기도 합니다. "눈을 뜨고 네 본모습 편에 서라. 가운데로 나와라. 그래야 관객이나 희생자로 머무르지 않고 다시 네 중심에 서서 네 삶을 살 수 있다." 끝으로 예수님께서는 그에게 이렇게 말씀하십니다. "손을 뻗어라."(마르 3,5) 그는 자기 삶을 주도하고 꾸려 가야 합니다. 희생자로만 머물러 있어서는 안 됩니다. 희생자로 머물렀던 사람, 뒤로 물러나 앞으로 나오려 하지 않는 사람에게는 예수님께서 주시는 에너지가 필요합니다.

그래야 상처에서 벗어나 자기 삶을 주도할 수 있습니다. 깊은 상처를 받은 체험도 '오그라든 손'이라고 할 수 있습니다. 당사자가 살아온 삶이 꼴을 갖추게 되면, 이로부터 축복이 생겨나 본인과 주변 사람들에게로 향할 수 있습니다.

2장

모든 존재와의
화해

자신과 화해하기

자신과 화해하는 것은 가족 및 친구들과의 화해, 민족들과의 화해를 비롯해 직장, 교회, 사회 안에서 화해하기 위한 전제 조건입니다. 자신 안에서 분열된 사람은 본인이 몸담은 사회나 단체도 분열시킵니다. 먼저 자신과 화해한 사람만이 다른 사람들과 화해할 수 있습니다.

하지만 자신과 화해하기는 쉬운 일이 아닙니다. 우리는 자신과, 자신 안의 여러 욕구와 싸우는 경우가 많습니다. 자신의 이미지를 실추시키는 실수라도 하면 자신을 용서할 수 없습니다. 우리는 자신이 살아온 삶에 "예." 하고 말할 수 없습니다. 이런 교육을 받았다는 것, 이런 힘든 세상에 태어났다는 것, 꿈이 실현되지 못한다는 것, 어린 시절에 상처받고 자신을 제대로 펼치지 못했다며 반기를 듭니다.

어떤 사람들은 자신의 삶을 오랫동안 한탄하고, 운명에 저항합니다. 생을 마칠 때까지 부모를 원망합니다. 자신에게 필요한 사랑을 부모에게서 받지 못했기 때문입니다. 그들은 사회를 원망합니다. 간절히 바랐던 기회를 사회가 주지 않았기 때문입니다. 자신이 누리지 못한 것에 대한 책임은 늘 다른 사람들에게 있습니다. 그들은 오랫동안 자기를 희생자로 여기고, 삶을 거부한 이유를 그런 식으로 변명합니다. 자신이 살아온 삶과 화해하기를 거부합니다. 제 삶을 책임지기도 거부합니다. 자신과 화해하지 못한 채 사는 사람은 내적으로 치유되지 못합니다. 그에게서 나오는 것은 화해가 아닌 씁쓸함, 원망, 분열입니다.

독일의 철학자 프리드리히 니체Friedrich Nietzsche는 자신과 화해하는 것이 얼마나 힘든지, 그럼에도 내적 평화를 위해 그것이 얼마나 필요한지에 관해 이렇게 말합니다. "그대는 자신과 열 번 화해해야 한다. 극기하는 것은 고통스럽고, 화해하지 못한 사람은 잠을 제대로 잘 수 없기 때문이다."[8] 자신과 화해하지 못하는 사람은 자신을 해치는 것입니다. 또는 니체가 말하듯 잠을 제대로 잘 수 없습니다.

예수님께서는 내면의 적대자와 화해하라고 우리에게 거듭 요청하십니다. 산상 설교 때에는 이렇게 말씀하십니다. "너를 고소한 자와 함께 법정으로 가는 도중에 얼른 타협하여라. 그러지 않으면 고소한 자가 너를 재판관에게 넘기고 재판관은 너를 형리에게 넘겨, 네가 감옥에 갇힐 것이다. 내가 진실로 너에게 말한다. 네가 마지막 한 닢까지 갚기 전에는 결코 거기에서 나오지 못할 것이다."(마태 5,25-26)

미국의 신학자 존 샌포드John A. Sanford는 이 말씀을 외부의 적대자가 아닌 '내면의 적대자'에 대해서 설명하는 것이라고 해석합니다. "인간은 자신의 본모습을 인정하려 하지 않는다고 생각하는 사람은 자신을 솔직히 표현하려고 애쓰지 않는다. 자신을 표현한다면 자신의 적절한 역할, 자신의 '이미지'가 훼손될 위험에 처할 것이기 때문이다. 우리는 (대체로 성공하지 못한 채) 남들 앞에서 자신의 본모습을 감추려 한다. 그렇지 않으면 자신이 거부당할까 두렵기 때문이다. 우리는 또 자신에게도 본모습을 숨기려고 애쓴다. 자신의 본모습을 바라보는 것을 견딜 수 없기 때문이다."[9] 우리가 법정으로 가는 도중에 있는 한, 이 '내면의 적대자'와 대화를 나누어야 하고 화해도 해야 합니다. 그렇지 않으면 (자신의 초자아를 가리키는 표상인) 재판관이 우리를 '감옥'으로, 우리가 가하는 자기 비난, 우리가 받는 압박, 우리가 지닌 불안이라는 감옥으로 보낼 것입니다.[10] 언젠가 이 내면의 감옥에 갇히게 되면 빠져나오기는 쉽지 않습니다. 그러니 아직 법정으로 가는 도중에 있는 한, 내면의 적대자와 평화를 체결해야 합니다.

정신분석가이자 심리학자인 융은 우리를 종종 꼼짝 못하게 하는 신경증(노이로제)이 통상적으로 고통을 대체한다고 생각했습니다. 우리는 자신과 자신의 모순된 면 때문에 생긴 고통을 수용하지 못해 괴롭습니다. 근사하지 않은 자신의 참모습과 화해하기를 거부하기 때문에, 우리는 자신의 영혼에게 벌을 받는 듯합니다. 우리가 '마지막 한 닢'을 갚을 때, 우리가 내면의 적대자와 평화를 체결하고 자신의 모순된 면을 수용할 용기를 낼 때 비로소 이 감옥에서 나오게 될 것입니다. 그러므로 '마지막 한 닢을 갚는다는 것'은 내면의 적대자와 화해한다는 의미입니다. 화해하기를 거부하면 결국 자신을 벌주게 됩니다. 우리가 자신의 어두운 면, 잘못, 약함과 화해하기를 거부해서 자신에게 부과하는 이 벌은 피할 수 없습니다. 자신의 어두운 면을 의식하지 않고 항상 몰아내는 사람은 언젠가 자신에게 파괴적으로 작용한다는 것을 깨닫게 됩니다. 따라서 우리는 자신의 어두운 면과 화해해야 합니다.

루카 복음서에 나오는 예수님의 다음 말씀도 내면의 적대자와 화해하기 위한 격려 말씀으로 풀이할 수 있습니다. "어떤 임금이 다른 임금과 싸우러 가려면, 이만 명을 거느리고 자기에게 오는 그를 만 명으로 맞설 수 있는지 먼저 앉아서 헤아려 보지 않겠느냐? 맞설 수 없겠으면, 그 임금이 아직 멀리 있을 때에 사신을 보내어 평화 협정을 청할 것이다."(루카 14,31-32) 내면의 적대자는 우리의 두려움, 감수성, 슬픔, 시기와 질투, 공허함, 우리가 약점으로 여기는 것일 수 있습니다. 우리는 약점을 극복하고 싶습니다. 그렇지만 앞 이야기에서 두 적대자가 소유한 병력의 차이는 우리가 이 싸움에서 질 수 있음을 알려 줍니다. 우리가 에너지를 내면의 적과 맞서 싸우는 데 전부 쏟아붓는다 해도 적대자 안에서 우리가 키우지 못한 대응 세력을 일깨울 수 있습니다.

저는 59년 전에 수도원으로 들어가면서 제가 소유한 '만 명 군사', 제 의지력, 원칙, 수행으로 온갖 약한 면을 극복할 수 있을 것이라고 생각했습니다. 그렇지만 몇 년 뒤에 고꾸라지면서 깨달았습니다. '나는 내면의 적대자와 화해해야 한다.'고 말입니다. 적대자는 전혀 아이저이지 않습니다. 내가 자신에 대해 만들어 놓은 이미지에 어긋나서 악의적으로 비칠 뿐입니다. 나의 감수성은 자신을 통제하는 사람들의 이미지에 어긋나고, 조급함은 평정심을 지닌 수도자의 이미지에 어긋납니다. 내가 이 '적'과 화해하면, 그 적은 친구가 됩니다. 적대자는 내가 평정심과 겸손을 지니도록 인도합니다.

내적 평화의 길로 나아가기 위해서는 나 자신과 화해해야 하고, 내면의 적으로 여겨지는 모든 것과도 화해해야 합니다. 내면의 적과 평화 협정을 체결하고 화해할 때, 내 삶의 드넓음을 체험할 수 있습니다. 비유적으로 말해 보겠습니다. 내가 내면의 적과 화해하면 나의 왕국은 확장되어 가고, 군사는 만 명이 아니라 3만 명을 가지게 됩니다. 따라서 더 많은 힘을 지니게 되지요. 많은 사람이 내면의 적과 싸우면서 힘을 소진합니다. 내면의 적과 화해하면 친구가 되지요. 나의 두려움과 싸우면 그 두려움은 점점 더 커집니다. 화해하면, 그 두려움은 나에게 내적 평화와 자유를 선사합니다.

자신과 화해하는 5단계

1단계 자신이 살아온 삶과 화해하기
2단계 자신에게 "예." 하고 말하기
3단계 자신의 어두운 면과 화해하기

4단계 자신의 몸과 화해하기

5단계 자신의 잘못을 용서하기

♥ 1단계 자신이 살아온 삶과 화해하기

자신과 화해한다는 것은 먼저 자신의 역사와, 자신이 살아온 삶과 화해한다는 뜻입니다. 태어난 시대와는 무관하게 피하고 싶은 상황은 언제나 존재합니다. 이상적인 시대를 골라서 태어날 수는 없습니다. 원하는 부모를 선택해서 태어날 수도 없습니다. 주위 사람들에게 부모가 좋은 사람이라는 평가를 받아도 나는 상처를 받고, 다른 형제자매들은 사랑받는데 나는 등한시된다는 생각이 듭니다. 부모는 자녀들을 공평하게 대했을 테지만, 똑같은 사랑이 주어지지 않는다고 느껴집니다.

많은 사람이 무거운 짐을 떨쳐 내지 못합니다. 어려서 아버지나 어머니를 잃은 사람이 있습니다. 아버지를 신뢰할 수 없는 사람도 있습니다. 아버지는 술을 마시고, 난폭해졌습니다. 가족들은 술을 마시는 아버지를 무서워했습니다. 우울증을 앓아서 자녀에게 깊은 안정감을 주지 못한 어머니도 있습니다. 아이를 키울 수 없어 친척에게 맡겨 버린 어머니도 있습니다. 이러한 것들은 자녀에게 잊기 힘든 상처가 됩니다. 이러한 상처는 심리 치료를 받으면 치유할 수 있습니다. 어린 시절을 선택할 수 없지만 언젠가 우리는 자신의 어린 시절에 대한 책임을 떠맡아야 합니다. 자신이 고통받은 모든 것과 화해해야 합니다. 자신의 상처와도 화해할 준비가 되어 있어야 합니다. 그래야 상처를 치유할 수 있습니다. 인간의 본래적 과제는 '자신의 상처를 진주로 바꾸는 일'이라고 빙엔의 힐데가르트 성녀는 말합니다. 자신의 상처에 대해 "예." 하고 말해야, 이에 대한 책임을 다른 이들에게 떠넘기지 않아야 그렇게 될 수 있습니다. 내가 받아들인 것만 변화할 수 있기 때문입니다.

나의 상처와 화해하려면 내게 상처 주고 고통을 안겨 준 이들에게 향하는 분노를 받아들여야 합니다. 그렇게 되면 내 상처와 화해하는 동시에 나에게 상처 준 이들도 용서하게 됩니다. 물론 용서하기는 어렵고 용서가 가능해지기까지는 오랜 시간이 지나야 합니다. 용서는 단순히 자발적으로 쉽게 할 수 있는 행위가 아니라, 다시 한번 눈물의 골짜기를 지나가야만 그 용서의 해안에 도달할 수 있습니다. 그곳에서 지나온 삶을 뒤돌아보며 부모가 나에게 의도적으로 상처 준 것이 아니었음을, 부모가 어린아이였을 때 상처받았기에 그대로 했을 뿐이었음을 이해할 수 있습니다. 그렇게 이해하고 용서해야만 지난날을 내려놓을 수 있습니다. 그래야만 상처를 계속 붙들고 있지 않고 거기서 벗어날 수 있습니다. 그래야만 나를 모욕하고 무가치한 존재로 만들었던 이들의 파괴적인 영향력에서 자유로워질 수 있습니다.

많은 사람이 상처받고 살아온 삶에 대한 책임을 하느님께 전가합니다. 그들은 삶에 이유를 대려고 하느님을 고발합니다. 집안 형편이 이렇게 어려워진 것, 특이한 성격을 물려받은 것, 많이 부족한 것, 떨쳐 내지 못할 무거운 짐을 지게 된 것 모두 하느님께 책임이 있다고 합니다. 하느님께서 자신을 돌보지 않고 부당하게 대하셨다는 것입니다. 그렇게 그들은 화해하지 않은 채, 자신 안에서 갈라진 채, 자신과 세상에 만족하지 못한 채 살아갑니다. 제 운명에 책임이 있을 하느님께 끊임없이 대항하면서 살아갑니다. 이러한 운명의 길을 가도록 정해 놓으신 하느님과 도저히 화해할 수 없습니다. 몇몇 사람들은 하느님과 화해해야 한다고 생각하면서도 그러지 못해 힘들어합니다. 그러나 하느님께서 우리를 위하여 정해 놓으신 운명의 길을 걸어가며 하느님과 화해하는 것도 자신이 살아온 삶을 수용하는 것입니다.

♥ 2단계 자신에게 "예." 하고 말하기

자신과 화해한다는 것, 나아가 지금의 '나'라는 존재에게 "예."

하고 말한다는 것은 나의 능력과 강점에 대해 "예." 하고 말한다는 것, 나의 잘못과 약점, 내게 닥칠지 모를 위험, 나의 예민함, 내가 지닌 두려움과 불안, 나의 우울한 성향, 나의 결속력 부족, 나의 약한 인내심에 대해서도 "예." 하고 말한다는 것을 의미합니다. 독일어로 '화해하다versöhnen'는 '속죄하다versühnen'에서 유래했습니다. 이 동사는 '평화를 체결하다', '중재하다'를 의미하지만, '다정하게 대하다', '입을 맞추다'라는 뜻이기도 합니다. 이를 참고하면 자신과 화해한다는 것은 나에게 없는 것, 나의 자아상에 전혀 부합하지 않는 것, 나의 조급함, 불안, 낮은 자존감을 다정하게 바라본다는 것을 의미할 것입니다. 자신에게 "예." 하고 말하는 것은 평생 지속되는 과정입니다. 이미 오래전에 자신과 화해했다 해도, 자신을 화나게 하는 면, 부인하고 싶은 면들이 거듭거듭 내면에서 떠오르기 때문입니다. 그렇다면 내 안에 있는 모든 것에 대해서 "예." 하고 말하는 것이 늘 중요합니다.

♥ **3단계 자신의 어두운 면과 화해하기**

융에게 어두운 면, 그림자는 우리가 허용하지 않은 것, 우리의 모습에 부합하지 않아 삶에서 배제한 것을 의미합니다. 인간은 양극적인 면으로 구성되었다고 말하지요. 인간은 늘 양극을 오가며 움직입니다. 이성과 감정 사이에서, 규율과 충동 사이에서, 사랑과 공격성 사이에서, 신뢰와 두려움 사이에서, 믿음과 불신 사이에서, 아니마*와 아니무스**사이에서, 영과 충동 사이에서 말입니다. 젊은 시절에 어느 한 극은 특별히 여기고 다른 한 극은 등한시하는 것은 지극히 정상입니다. 그렇게 등한시된 극은 잠재의식 속으로, 그림자 속으로 추방됩니다. 하지만 그 극은 거기서 잠자는 것이 아니라, 그 안에서 계속 혼란을 일으킵니다. 등한시된 감정은 우리 안에서 감상적인 것으로 표출됩니다. 이제 우리는 감정의 늪에서 둥둥 떠다니고, 더 이상 적절히 대처할 수 없습니다. 공격성이 우리의 자아상에 부합하지 않아서 그것을 몰아냈다면, 이제 그 공격성은 강함이나 차가움 또는 우울증으로 모습을 드러내 우리를 공격합니다. 우리 안에서 수동적 형태로 나타나는 공격성도 있습니다. 다정해 보이지만 다른 사람들은 우리 안에 있는 공격성을 감지합니다. 그들과 이야기하면서 우리가 공격적인 면을 드러냈기 때문입니다.

중년기에 이르면, 자신의 어두운 면과 마주하고 화해할 필요를 더욱 강하게 느낍니다. 화해하지 않으면 심적 갈등이 생기고,

---

* anima, 남성의 무의식에 내재된 여성적 속성(감정, 직관, 창의성 등)을 의미한다.
** animus, 여성의 무의식에 내재된 남성적 속성(이성, 논리, 권위 등)을 의미한다.

내면이 이리저리 갈라집니다. 우리 안에는 사랑뿐만 아니라 미움도 있습니다. 종교적, 윤리적으로 없애려고 아무리 노력해 봐도 흉악한 감정이 남아 있습니다. 공격성, 분노, 질투, 우울함, 두려움, 비겁함이 있습니다. 우리 안에는 영적 갈망만 있는 것이 아닙니다. 전혀 경건하지 않은 사악한 감정도 있습니다. 충만함만 있는 것이 아니라 공허함도 있습니다.

자신의 어두운 면과 마주하지 않는 사람은 무의식적으로 그것을 남들에게 투사합니다. 자신에게 규율이 없음을 인정하지 않고 다른 사람들, 배우자, 친구, 직장 동료를 규율이 없다고 비난합니다. 그들은 일관되게 살지 못하고 자신을 다스리지 못합니다. 어떤 이들은 다른 사람들을 피상적이고 속이 빈 이들로 간주하면서 자신의 내적 공허함을 그들에게 투사합니다. 그리고 자신을 영적 존재라고 여깁니다.

자신의 어두운 면과 화해하려면 단순히 그렇게 하지 않는 것이 아니라 그것을 받아들여야 합니다. 그러려면 높은 이상을 버리고 자신의 초라한 현실을 받아들이는 겸손함과 용기가 필요하지요. '겸손'에 해당하는 라틴어 '후밀리타스humilitas'는 인간은 흙을 밟는 유한한 존재라는 것을, 우리 안에 있는 '흙humus'을 받아들인다는 것을 의미합니다.

♥ 4단계 자신의 몸과 화해하기

제 몸과 화해하는 것도 자신과 화해하는 것입니다. 이는 간단하지 않습니다. 우리는 몸을 바꿀 수 없습니다. 저는 여러 사람과 대화할 때마다 그들이 자신의 몸 때문에 얼마나 괴로워하는지 거듭 알게 됩니다. 그들의 몸은 최근에 사람들이 선호하는 이상에 부합하지 않습니다. 너무 뚱뚱하다고 느껴 부끄러워하거나 얼굴이 매력적이지 않다고 여깁니다. 체형 때문에 불이익을 당한다고 여기기도 합니다. 키 큰 여성은 키가 너무 커서, 키 작은 남성은 키가 너무 작다고 괴로워하면서 말입니다.

자신의 몸을 있는 그대로 사랑해야만 몸도 아름다워집니다. 아름다움은 상대적이기 때문입니다. 아름다움은 하느님의 영광이 나를 환히 비춘다는 것을 의미합니다. 그러나 내가 내 몸을 받아들이고 하느님을 향해야만 하느님의 사랑과 아름다움에 스며들 수 있습니다. 아름다움은 '바라봄schauen'에서 옵니다. 고대 그리스 철학자 플라톤은 자신을 사랑스럽게 바라보면 모습이 아름다워지고 자신을 미워하면 모습이 흉해진다고 했습니다.

자신이 살아온 삶, 자신의 어두운 면, 외형적인 모습으로 힘들어하는 사람들에게 저는 의식적으로 이러한 연습을 하라고 권고합니다. 먼저 예수 그리스도의 모습이 그려진 이콘 앞에 앉습니다. 그리고 그분을 바라보며 이렇게 말해 봅니다. "모든 것이 좋습니다. 모든 것은 그대로 있어도 됩니다. 모든 것은 나름대로 의미를 지니고 있습니다. 저의 역사, 부침浮沈이 심한 인생, 제가 지나온 그릇된 길과 멀리 돌아온 길에 대해서 감사드립니다. 당신은 저를 이끌어 주셨습니다. 또 제 몸에 대해 당신께 감사드립니다. 유일무이한 제 몸은 성령께서 거처하시는 성전, 당신의 영광이 머무르는 곳입니다." 이렇게 말하기는 어려운 일입니다. 지금 난관을 겪고 있다면 이 상황에 감사하기는 매우 힘듭니다. 내가 내 몸에 저항한다면, 내 몸을 사랑하기 쉽지 않습니다. 내가 몸을 선입견 없이 사랑스럽게 바라보고 하느님의 작품으로 여기면 몸은 아름다워집니다.

몸과 화해한다는 것은 내가 통증을 느끼는 부위, 경직된 어깨, 아픈 등이나 허리, 쿡쿡 쑤시는 무릎, 다친 발과 다정하게 교류한다는 뜻이기도 합니다. 내가 통증을 느끼는 부위와 화해하는 방법은 이렇게 상상하는 것입니다.

'경직된 어깨, 통증이 느껴지는 등은 내가 다른 사람들의 무거운 짐을 받아들이면서 그들의 짐을 덜어 준다는 의미다. 통증이 느껴지는 무릎과 발은 내가 길을 많이 걸어 다른 사람들에게로 다가갔다는 것을 알려 준다. 나는 그들에게 복을 가져다주었다.'

대만에서 제 책들을 펴내는 우Wu 여사는 강의를 하면서 알게 된 여성에 관해 들려주었습니다. 그 여성은 거의 목소리가 나오지 않았습니다. 그녀의 남편은 더 이상 사람들과 가까이해서는 안 된다고 말했지요. 아내의 거칠고 약한 목소리를 제대로 들을 수 있는 사람은 없을 테고, 아내는 불편한 존재로만 여겨질 것이기 때문이었습니다. 그 여성은 우 여사의 강의를 듣고 깨달았습니다. '맞아, 나는 교사로서 목소리를 제자들에게 주었어. 이제 그들이 사회에서 자기 목소리를 내고 있으니 그 목소리 안에 내 목소리도 담겨 있는 거야.'

몸은 내 삶의 기억 장치입니다. 내가 체험한 모든 것은 몸 안에 축적되어 있습니다. 따라서 몸과 화해하는 것은 내 몸에 흔적을 남긴 내 삶의 역사와 화해하는 것이기도 합니다. 내가 다른 사람들에게 준 모든 것도 내 몸에 반영되어 있습니다. 사랑으로 다른 사람들을 위해 한 희생도 깃들어 있지요. 내 몸은 (특히 늙어서) 이제 망가졌다고, 내가 하고 싶은 것을 더 이상 할 수 없다고, 이제 여러 부위에서 통증이 느껴진다고 자신에게 화내지 말아야 합니다. 오히려 감사하는 마음을 지니고 내 몸을 바라봅시다. 그리고 내 몸과 다정하게 교류합시다. 이제 예수의 데레사 성녀가 한 아름다운 말을 기억해 봅시다. 우리가 몸과 교류해야 영혼이 그 안에 깃들 수 있습니다.

♥ 5단계 자신의 잘못을 용서하기

자신이 잘못을 저질렀을 때 용서하기는 어렵습니다. 하느님께서 우리를 용서하셨고 우리는 그분에게 조건 없이 받아들여졌음을 온전한 마음으로 믿어야 자신을 용서할 수 있습니다. 물론 하느님께서 용서해 주실 것을 믿습니다. 고해성사를 보러 가서 죄도 고백했습니다. 그러나 마음 깊은 곳에 있는 과오를 씻어 내지 못했습니다. 하느님의 용서를 진지하게 받아들이지 않습니다. 그들은 당시에 일어난 그 사건에 대한 책임을 자기에게 돌리며 끊임없이 비난합니다. 전쟁에 참전했던 남성들에게서 그러한 면이 발견됩니다. 그때 자신이 어떤 사건에 연루되었는지 떠올립니다. 오랫동안 그 일을 잊으려 했습니다. 이제 그 일이 또다시 떠오릅니다. 그들은 자신에게 유죄 판결을 내리고 자신을 저주합니다. 자신을 더 이상 용서할 수 없습니다. 하느님께서 용서해 주셨다는 것을 믿을 수 없습니다. 그렇게 죄책감에 시달립니다. 그들의 내면에는 자신에게 냉혹하게 유죄 판결을 내리는 무자비한 재판관이 있습니다.

우리가 자신에게 관대한 것보다 하느님께서는 우리에게 훨씬 더 관대하십니다. "마음이 우리를 단죄하더라도 그렇습니다(하느님 앞에서는 평온할 것입니다). 하느님께서는 우리의 마음보다 크시고 또 모든 것을 아시기 때문입니다."(1요한 3,20) 하느님의 용서를 믿는다는 것은 하느님을 우리의 무자비한 초자아 자리 옆에 모신다는 것, 그분이 우리의 모든 것을 받아들이심을 믿는 것, 우리가 끊임없이 자신에게 가하는 비난의 원인을 이미 오래전에 바꾸어 놓으셨으며 지워 없애셨다는 것을 아는 것을 의미합니다. 이렇게 되면 우리 자신의 잘못에서 시선을 돌려 그분의 자비를 바라보게 됩니다. 선하신 하느님 앞에서 우리는 자신과 평화롭게 지낼 수 있고, 그분이 완전히 받아들여 주신 자신에게도 "예." 하고 말할 수 있습니다.

때로는 다른 사람을 용서하기보다 자신을 용서하기가 더 힘듭니다. 여러 사람과 대화를 나누면 자신을 용서할 수 없다는 말을 자주 듣습니다. 그러나 용서하지 못할 일은 없습니다. 어떤 여성은 어머니의 임종을 지키지 못한 자신을 용서할 수 없습니다. 어떤 남성은 실수를 저질러 회사에 피해를 준 자신을 용서할 수 없습니다. 어느 기업가는 사업 파트너에게 제 약점을 이야기한 자신을 용서할 수 없습니다. 그 사람이 여기저기에 그 약점을 퍼뜨렸기 때문입니다. 사람들에게 왜 자신을 용서할 수 없는지 물으면서 이러한 깨달음을 얻었습니다. '나'를 용서할 수 없는 까닭은 '나'의 태도가 내가 그려 놓은 이상적인 모습에 부합하지 않기 때문이라고 말입니다. 그러나 이 이상적인 모습은 하느님께서 우리를 위해 만들어 주신 모습이 아니라, 자신에게 덮어씌운 모습, 우리가 기꺼이 되고 싶으나 전혀 그렇게 될 수 없는 모습입니다.

지난날의 잘못을 은폐하거나 자신을 끊임없이 탓하지 않으며 지금 이 순간을 의식적으로, 주의 깊게 살기 위해서는 먼저 자신을 용서해야 합니다. 이사야서에서 하느님께서는 우리에게 이렇게 말씀하십니다. "너희의 죄가 진홍빛 같아도 눈같이 희어지고 다홍같이 붉어도 양털같이 되리라."(이사 1,18) 하느님께서 용서하시면, 우리의 죄는 그 세력을 잃습니다. 이제 그 죄는 더 이상 우리를 우울하게 할 수 없습니다. 다른 사람들도 더 이상 우리의 죄를 바라보지 않습니다. 그 죄는 오히려 눈같이 희어집니다. 마치 새로 태어난 듯 다시 시작할 수 있습니다. 옛것은 우리에게 더 이상 무거운 짐을 지우지 않습니다. 우리는 하느님의 용서와 사랑의 힘을 믿어야 합니다. 자신을 용서하고 죄의 파괴적인 힘에서 벗어나면서 말입니다.

자신을 사랑하는 방법

앞에서는 어떻게 해야 자신과 화해할 수 있는지 살펴보았습니다. 그 5단계에서는 받아들이는 것이 중요했습니다. 자신을 받아들이는 것은 자신을 사랑하는 것입니다. 그렇다면 어떻게 해야 할까요? 자신을 끊임없이 비판하고 거부하는 사람은 자신을 사랑하라고 해도 사랑하지 못할 것입니다.

자신을 사랑하기 위한 방법은 자신에 대해 그려 놓은 환상과 결별하는 것입니다. 많은 사람이 자신을 사랑할 수 없는 까닭은 자신이 상상했던 이상적인 모습과 실제 모습이 부합하지 않기 때문입니다. 그러니 자신이 상상한 대로 이상적인 사람이 아님을 받아들이고 슬퍼한 뒤에야 감사하는 마음으로 자신을 바라볼 수 있습니다. 그래야 내가 살아온 삶, 내 몸, 내 성격과 더불어 나를 있는 그대로 사랑하기 위해 노력할 수 있습니다. 자신을 사랑하면 겸손해지고 하느님의 사랑도 깨닫게 됩니다. 또한 나의 그림자 영역으로도 들어갈 수 있습니다.

자신을 사랑하기 위한 또 다른 방법은 내 영혼 깊은 곳에서 사랑의 샘이 솟구친다는 것을 인식하는 것입니다. 그것은 신적 사랑의 샘입니다. 이제 이 신적 사랑이 내 몸, 내가 살아온 삶, 나의 어두움 속으로 흘러들어 가도록 해야 합니다. 나의 전 존재가 하느님의 사랑에 스며들어 있음을 알게 된다면, 나는 이 신적 사랑을 실현할 수 있고 나 자신을 다정하게 바라보고 사랑하기 위해 힘쓸 수 있습니다.

하느님 사랑의 지평에서 이루어지는 자기 사랑을 다음과 같이 연습해 볼 수 있습니다. 예수 기도를 바칠 때 숨을 들이쉬면서 '예수 그리스도님' 하고 기도합니다. 이렇게 숨을 들이쉴 때 예수님의 사랑이 내 마음속으로 흘러들어 옵니다. 그런 다음 숨을 내쉬면서 이 사랑이 몸 전체로, 특히 내가 잘 받아들일 수 없는 몸이나 영혼 안으로 흘러들어 가게 합니다. 그러고 나면 곧 자신이 예수님의 다정한 사랑에 온전히 잠겨 있음을 느끼게 됩니다. 나는 이미 예수님의 사랑으로 충만해 있으니 나 자신을 사랑할 수 있습니다.

화해의 시작

자신과 화해하기 위한 단계들은 결국 다른 사람들과 화해하기 위한 토대가 됩니다. 내가 사랑으로 내 그림자에 들어갔다면, 다른 사람의 어두운 면도 평가하지 않고 다정하게 바라볼 것이기 때문입니다. 내가 온갖 어두운 면이 있는 나 자신을 받아들였다면, 어두운 면을 지닌 다른 사람도 받아들일 수 있습니다. 이 받아들임, 수용은 내가 그 사람과 화해하기 위한 조건입니다. 이는 자신의 잘못과 화해하는 데, 그리고 죄책감에 적절히 대응하는 데에도 적용됩니다. 내가 나의 잘못을 받아들이지 않으면, 그것을 다른 사람들에게 투사하고 결국 그 사람들을 거부하게 될 것입니다. 자신의 잘못을 인정하고 하느님께서 이렇게 잘못을 저지른 나를 받아들여 주셨음을 지각해야 다른 사람들을 평가하지 않고, 거부하지 않을 것입니다. 그리고 똑같이 잘못을 저지른 이들과도 화해하기 위해 마음을 열게 될 것입니다. 나는 그들에게 유죄 판결을 내리지 않고 그들을 이해하려고 애쓸 것입니다. 이해하는 것은 내가 그들을 거부하지 않고 그들과 함께하기 위한 전제 조건입니다.

다른 사람들과 화해하기

부부의 화해

가정 안에서 가족 구성원 모두가 함께 잘 살려면 화해하면서 살아가야 합니다. 부부, 부모와 자녀, 형제자매들과의 화해는 물론 임종을 앞둔 이와의 화해도 중요하지요.

  부부 사이에는 오해나 갈등이 커져 싸울 때도 있습니다. 이때 먼저 용서를 해야만 화해도 가능합니다. 그러나 배우자가 나에게 심한 상처를 주었다면, 화해하기는 간단하지 않습니다. 그래도 내 상처를 묻어 두고 넘어가지 말아야 합니다. 상처를 모른 척하면 배우자가 점점 낯설고 관심이 없어져서 피상적인 대화만 나누게 됩니다. 부부가 진정한 대화를 하지 않으면 서로를 비난하면서 상처 주는 경우가 대부분입니다. 만일 내가 배우자를 속물이라고 말했다면, 배우자는 곧바로 나에게 반격할 것입니다. 공격당했다고 느끼고 내게 상처를 주거나 자신의 행위를 정당화하려고 하겠지요. 그렇게 되면 진정한 대화를 나누기는 더욱 불가능해집니다.

  부부 사이에 갈등이 생겼을 때는 다른 방식으로 대화해야 합니다. 언제 상처받았는지, 상대의 어떤 말이나 태도가 나에게 상처를 주었는지 비난하지 않는 어투로 말합니다. 상대는 자신이 상처 주었다는 사실을 전혀 모를 때도 많습니다. 그것을 알려 주고, 어떻게 할지 생각할 시간을 줍시다. 그럼 상대는 곰곰이 생각해 볼 수 있습니다. 그리고 각자 더 깊이 있는 대화를 나누기 위해 어떻게 해야 할지 숙고하고 시간이 흐른 뒤에 서로 이야기하면서 그 사건을 살펴볼 수 있습니다.

'어떤 말이 나에게, 또는 상대에게 상처를 주었을까?'

'나는 어떤 것에 상처받았을까?'

'내가 상대에게 상처를 주었다면, 왜 그랬을까?'

'어린 시절부터 가지고 있었던 어떤 원칙이 지금 작용했을까?'

'나는 부모님을 보면서 배운 어떤 행동에 매여 있는 걸까?'

어떤 남성은 이런 말을 했습니다. 직장 동료들과 이야기할 때마다 부모에게서 물려받은 비난과 유죄라는 판결을 무의식적으로 내세운다고 말입니다. 그렇게 하지 않으려고 늘 노력하지만 어느새 자기의 주장이 모두 같은 것이었음을 알아차립니다.

우리는 상처를 줄 때뿐만 아니라 상처를 받으면서도 자신이 살아온 삶과 상대가 살아온 삶을 다정하게 바라볼 수 있습니다. 주의 깊게 대화를 나누면서 갈등이 풀어지면 새로운 관계가 형성됩니다.

스토아 철학의 원칙은 부부 사이에도 적용됩니다. "사람들이 당신에게 상처를 주는 것이 아니라, 당신이 독단적으로 밀고 나가는 것이 상대를 상처 주는 것이다." 누군가가 우리에게 상처를 주는 것이 아니라, 우리가 상대를 미리 부정적으로 생각하는 것이 상처를 주는 것입니다. 남편이 자신의 감정을 이야기하지 않을 때, 자녀를 양육하거나 연로한 부모를 돌보느라 스트레스받았다는 것을 알아차리지 못할 때 아내는 상처받습니다. 남편은 아내에게 상처 줄 마음이 전혀 없지만 아내는 그렇게 느낄 수 있지요. 반대로 퇴근하자마자 아내가 잔소리를 하면, 남편은 아내에게 상처받습니다. 회사에서 힘든 업무를 처리하느라 지쳤는데 집에서조차 편히 쉬지 못하게 한다고 생각합니다. 이러한 상황이라면 내가 상대에게 기대하는 것과 나 자신에 관한 생각 그 둘 모두와 결별해야 합니다. 그래야만 서로가 더 깊은 관계로, 상대를 있는 그대로 받아들이고 사랑하는 관계로 발전할 수 있습니다.

화해하기 위해서는 관계를 새롭게 시작해야 합니다. 부부들과 대화를 나누다 보니 약간 공통되는 점을 발견했습니다. 상대를 용서하고 화해도 했지만, 마음 한구석에는 여전히 불신이 남아 있습니다.

'진짜 용서할 수 있을까?'

이때 상대는 신뢰를 심어 주며 자신이 살아온 삶을 돌아보아야 합니다. '나는 그동안 살아오면서 누군가를 신뢰했을 때 그리고 신뢰가 무너졌을 때 어떻게 했지? 어린 시절에 자기를 강하게 믿고, 다른 사람들을 신뢰했던 적이 있었을까?' 화해하려면 자신과 진지하게 마주해야 합니다. 상대를 진심으로 용서하고 받아들일 수 있는지도 살펴보아야 합니다.

이혼 가정에서 자란 자녀들과 대화를 나누면 이런 말을 듣습니다. 성인이 되었을지라도 부모가 싸우고 이혼한 것이 힘들다고 말입니다. 그들에게는 책임감도 있습니다. 부모를 화해시켜야 한다고 생각하고, 이해해야 한다고 여깁니다. 그렇게 하지 못하면 자기 탓이라고 자책하지요. 그렇지만 어떠한 경우에든 자녀들은 부모의 싸움에 대한 책임이 없습니다. 어떤 남성은 부모 집에 가면, 아버지와 어머니가 자기를 싸움의 중재자로 세우려고 애쓴다 했습니다. 이따금 부모는 각자 자신이 옳다고 생각하는 것을 주장하며 자식을 자기편으로 끌어들이려 합니다. 이때 자식은 부모를 화해시킬 수 없다는 것을 알아도 모두 자신의 탓이라고 여깁니다.

형제자매와의 화해

화해는 형제자매들 사이에노 중요합니다. 어린 시절에는 서로 잘 지냈는데, 성인이 되자 오빠(형) 또는 언니(누나)가 성공한 모습으로 나타나 위아래로 훑어보며 무시합니다. 그것을 견딜 수 없어 마음속으로 관계를 차단합니다. 겉으로는 여전히 그들과 몇

마디를 주고받는 듯 보여도 말입니다.

유산 문제를 놓고 생기는 불화는 더 심각합니다. 어떤 여성은 어머니가 유언장을 작성할 때 언니가 많이 개입했다는 사실을 알게 되었습니다. 어떤 남성은 아버지에게 강압적으로 대하며 딸에게는 유산을 주지 말라고 했습니다. 여동생이 아버지를 훨씬 더 많이 보살폈더라도 말입니다. 이러한 불화는 대개 법정에서 유언장이 공개될 때 선명하게 드러납니다. 유언장에 내 이름이 분명히 적혀 있어야 합니다. 그런데 이름이 없습니다. 당사자는 부당함을 받아들일 수 없습니다. 이어서 이런 물음을 던집니다. "이렇게 원한이 깊은데 내가 과연 오빠(언니)와 화해할 수 있을까?" 화해는 두 사람에게 달려 있습니다. 여동생은 오빠를 용서할 수 없습니다. 오빠는 자신의 정당함을 주장하며 여동생과 소통하기를 거부했습니다. 그럴 수밖에 없습니다. 자기를 세뇌시켜서라도 양심의 가책을 받지 않아야 하기 때문입니다. 이런 상황이라면 용서와 화해가 가능할 때까지 오랜 시간이 걸리고, 진지한 대화를 많이 해야 합니다. 이때 자신의 모든 감정을 진지하게 바라보고 상대의 기분을 상하지 않도록 지혜롭게 표현하는 게 중요합니다. 그래야만 문제를 해결할 수 있습니다.

형제자매의 불화에는 이런 것들도 있습니다. 유산 상속 문제

뿐만 아니라 장례를 어떻게 치를지, 부모의 집은 어떻게 처분할지 등 합의되지 않아 불화로 번지는 사항들이 많습니다. 이런 불화의 원인은 대개 해묵은 상처입니다. 이때 부모가 큰아들인 형을 좋아했음을, 또는 어머니가 여동생을 특별히 아꼈음을 갑자기 알아채는 경우가 있습니다. 장례를 치르는 일이나 유산 상속에 관한 일은 모두 부모와 자식과의 관계, 형제자매들과의 관계에서 생긴 경쟁심과 상처와 연관되어 있습니다. 그렇지만 형제자매들은 가족 안에서의 자기 역할을 다하고 다른 형제자매들의 역할을 인정해야 합니다.

용서는 자기를 해방하는 행위로서 나 혼자, 나만을 위해서 할 수 있지만, 화해를 하려면 언제나 상대가 있어야 합니다. 여동생이 유산 문제와 관련하여 부당하게 처신한 오빠와 화해할 마음이 있더라도, 오빠는 대화조차 거부할 수 있습니다. 그러면 오빠와 화해하기는 어렵습니다. 단지 상대만 만족하도록 자신을 희생해서도 안 되기 때문입니다. 만일 그렇게 한다면 오빠는 다른 형제자매들에게도 자신의 주장을 관철하려고 할 수 있습니다. 이는 화해를 만들어 내지 않습니다. 오빠가 화해할 마음이 없으면, 여동생은 자신과 화해해야 합니다. 이런 힘든 상황과도 화해해야 합니다. 오빠가 가정의 평화를 깨뜨려서 슬프고 가족이 갈라져서 고통스럽겠지요. 이 고통을 허용해야 합니다.

  가족 구성원에게 상처를 받는다면 우리는 먼저 화해하려는 마음이 아니라 복수심이 생깁니다. 가족 중 누군가가 상처를 주었다면 나도 그에게 상처를 줍니다. 나만 상처받은 것이 아니라 나도 그에게 상처를 준 것입니다. 이렇게 똑같이 상대에게 상처를 주는 것은 처음에만 잠시 만족감을 가져다줄 뿐, 지속되지 않습니다. 상처받고 상처 주는 악순환이 이어지기 때문입니다. 이 악순환의 굴레에서 빠져나오지 않으면 같은 공간에 있는 것조차 견디기 힘듭니다. 복수심에 계속 빠져드는 사람은 복수할 방법을 늘 모색합니다. 그렇지만 시행하고 나서는 자신이 상처받는 경우가 많습니다. 자신의 복수에 지배당해 원하는 것도 이루지 못합니다.

  저는 이런 경우를 보았습니다. 어떤 남성이 다른 형제자매들에게 지닌 복수심 때문에 부모가 남긴 유산을 모두 소송비로 사용했습니다. 결국 아무도 유산을 받지 못했습니다. 그에게는 돈보다 복수가 더 중요했습니다. 복수를 했기에 돈을 잃었습니다. 만일 자신이 상처를 받았다면 복수하고 싶은 마음이 들 것이라고 고백하는 것은 어찌 보면 겸손한 것일지도 모릅니다. 그런 마음이 드는 것에 놀라지 말아야 합니다. 그 복수심에 어떤 여지도 주어서는 안 됩니다. 복수하고 싶은 마음을 바라봅시다. 그 마음이 지나가게 하고, 내적으로 자신의 상처와 화해하기로 결심합시다. 상처는 나를 아프게 하지만, '참된 자기'에 이를 수 있도록 나를 다시 시작하게 합니다.

하느님께서는 카인이 동생 아벨에게 복수심을 품었다고 그를 비난하지 않으십니다. 그 마음을 이해하십니다. 그러나 그에게 감정을 더 정확히 바라보고 다스리라고 명하십니다. "너는 어찌하여 화를 내고, 어찌하여 얼굴을 떨어뜨리느냐? 네가 옳게 행동하면 얼굴을 들 수 있지 않느냐? 그러나 네가 옳게 행동하지 않으면, 죄악이 문 앞에 도사리고 앉아 너를 노리게 될 터인데, 너는 그 죄악을 잘 다스려야 하지 않겠느냐?"(창세 4,6-7)

카인은 부모가 동생 아벨을 더 사랑한다는 것을 알았습니다. 아벨은 양치기가 되어 수월하게 일할 수 있었습니다. 카인은 농부가 되어 땅을 일구며 힘들게 일해야 했습니다. 하느님께서는 복수심으로 카인을 지배하는 죄악에 관해 말씀하십니다. 카인은 이 죄악에 힘을 실어 주지 않아야 합니다. 그러나 하느님의 말씀을 따르지 않고 아벨을 죽였습니다. 복수는 그에게 아무것도 가져다주지 않았습니다. 오히려 자신에게서 달아나야 했고 사람들에게서도 도망쳐야 했습니다. 죄책감 때문에 그는 평화를 얻을 수 없었습니다.

부모와 자녀의 화해

부모와 자녀의 관계에서도 화해에 대한 문제가 대두됩니다. 많은 사람이 아버지나 어머니와 관계를 맺기 어렵다고 이야기했습니다. 어린 시절에, 그리고 특히 청년기에 접어들었을 때 상처를 많이 받았다고 합니다. 아들은 아버지에게 끊임없이 무시를 당했습니다. 사춘기에 접어든 딸은 늘 자기밖에 모른다며 어머니에게서 미움을 샀습니다. 이렇게 자란 자녀는 과거와 화해하고 지난날 했던 행동에 책임을 져야 합니다. 그들은 이렇게 말해야 합니다. "그때 그렇게 한 것은 내 잘못이야. 그러니까 부모님을 용서해야 해." 그렇지만 용서하려면 긴 과정을 거쳐야 합니다. 먼저 나의 분노와 증오심을 내려놓아야 합니다. 분노와 증오가 사라지면 부모에 대한 사랑이 드러납니다. 내가 용서하면 부모에게 했던 기대에서 벗어나 자유로워집니다. 그리고 이렇게 자문하게 됩니다.

'부모님과 화해할 수 있을까?'

'부모님은 여전히 나를 무시하고 여전히 나에게 상처를 줄까?'

부모와 화해할 수 없을 것 같고 오히려 상처만 받을 것 같다면 자신을 보호해야 합니다. 자신을 상처 입히는 것들이 부모에게서 빠져나가게 해야 합니다. 부모의 마음에 고여 있는 독소가 자신을 해치게 해서는 안 됩니다.

나이 들거나 병든 부모를 돌보면서 화해하게 되는 경우도 많습니다. 어느 순간 부모의 태도가 바뀝니다. 이때 자녀는 부모가 괴로워한다는 것, 갑자기 더 마음을 열어 다정하게 대한다는 것, 그러한 태도로 자신의 바람직하지 않았던 면에 대해 사과한다는 것을 알아차립니다.

임종을 맞는 이를 동반하는 어느 여성에게서 이런 말을 들었습니다. 아들 또는 딸과의 갈등을 풀지 못해서 편하게 눈감지 못한 이들이 있었다고 합니다. 그들은 자녀가 올 때까지 기다렸습니다. 만일 자녀가 찾아오면 화해할 마음이 있었기 때문입니다. 죽음의 문턱에 들어선 아버지 또는 어머니는 지금까지 자녀가 느끼지 못했던 사랑을 갑자기 드러내고 자녀와 화해한 뒤 평화롭게 떠날 수 있습니다.

부모가 세상을 떠났더라도 용서와 화해는 이루어지지 않을 수 있습니다. 어느 교사는 이렇게 말했습니다. "살아 계신 부모님을 용서하기는 힘듭니다. 그러나 돌아가신 부모님을 용서하기는 더

욱 힘들지요." 이미 세상을 떠난 부모와 화해하는 것에 초점을 둔 치료도 많습니다. 이때 자신이 느꼈던 모욕감, 분노, 쓸쓸함을 표현해야 고인을 향한 미움이 사랑으로 바뀔 수 있습니다. 고대 로마인들은 이렇게 말합니다. "죽은 사람에게는 좋은 말만 해야 한다De mortuis nihil nisi bene." 그렇지만 이 말은 고인에 대한 사랑에서 비롯된 게 아니라, 죽은 사람이 우리에게 복수할지도 모른다는 두려움에서 비롯된 것입니다. 심리치료사 괴레스는 우리가 심리 치료 과정이나 영적 동반 때 표현할 수 있는 이러한 감정의 변화에 대해 기술합니다. "심리 치료를 하는 과정에서 부모님에 대한 원망이나 형제자매들의 질투에 대해 이야기한다면 공정, 정의, 관대함, 연민, 상대에 대한 평가, 마음의 평화와 관련된 도덕적 진보가 결과로 나올 수 있다."[11] 심리 치료 과정이나 영적 동반 과정에서 사람들은 자신이 변화하기를 바라면서 모든 감정을 표현해야 합니다. 증오나 원망, 쓸쓸함 같은 부정적인 감정도 표현해야 합니다.

친구와의 화해

우리는 모두 우정을 갈망합니다. 절친한 친구에게는 가면을

쓸 필요 없이 자신의 모습을 있는 그대로 보여 주어도 됩니다. 우리는 자신의 약점 또는 지금 안고 있는 문제 등 모든 것을 친구와 이야기할 수 있습니다. 아우구스티노 성인은 다음과 같이 널리 알려진 말로 우정을 기렸습니다. "친구가 없는 사람에게는 아무것도 우호적으로 작용하지 않는다Sine amico nihil amicum." 그렇지만 친구 사이에도 갈등이 생기고 상처를 주고받게 됩니다. 친구가 당신에게 상처를 주었다면, 당신은 그 친구와 더 이상 함께할 마음이 생기지 않겠지요. 그렇지만 이렇게 되면 자신을 해치게 됩니다.

우정을 유지하려면 화해를 해야 합니다. 우리는 친구와 갈등하는 도중에 화해할지, 아니면 모든 상황이 끝난 뒤에 화해할지, 상처받은 뒤에 화해할지 식별할 수 있습니다.

갈등하는 도중에 화해하거나 모든 상황이 끝난 뒤에 화해하려면 그 갈등이 어디서 비롯되었는지 정확히 바라보는 것이 중요합니다. '이 갈등은 취향이 달라서 생겼나? 아니면 생각하거나 느끼는 바가 달라서 생겼나?' 취향이 달라서 생기는 갈등은 예를 들어 보면 이런 것입니다. 친구와 함께 휴가를 간다고 해 봅시다. 한 친구는 이탈리아를 가고 싶은데, 다른 친구는 프랑스를 가고 싶다면 갈등이 생기지요. 이때 해결책을 찾는다면 올해는 이탈리아로 가고 내년에는 프랑스로 가는 방법이 있습니다. 아니면 각자 자신이 원하는 곳으로 떠나는 것입니다. 어떻게든 갈등이 분열로 커지지 않도록 해야 합니다.

생각하거나 느끼는 바가 달라서 생기는 갈등은 예를 들면 이런 경우에 생깁니다. 어떤 여성은 친구가 언제나 자기 말만 해서 정작 본인은 거의 아무 말도 하지 못한다고 여깁니다. 한편 친구는 계속 자기만 말한다는 것을 전혀 알아채지 못하고 오히려 서로가 적절하게 대화할 수 있도록 대화를 조절하고 있다고 생각합니다. 이 상황에서 그 여성은 친구에게 늘 혼자 자기 말만 한다며 비난하지 말고 자신의 감정을 솔직하게 말해야 합니다. 그러면 친구는 자신이 일방적으로 말을 많이 했음을 깨달을 수 있습니다.

상처받은 뒤에 화해할 경우에는 상대가 가시 돋친 말을 해서 상처받았는지, 아니면 내 기대치를 충족시켜 주지 않아서 상처받았는지 구별하는 것이 중요합니다. 어떤 여성이 '왜 항상 내가 먼저 전화해야 하는 거지?' 하고 생각한다면, 그녀는 친구가 먼저 연락하지 않아 상처받습니다. 가끔은 친구가 먼저 전화해 주기를 기대했기 때문입니다. 이런 경우에 어떤 사람들은 상처받고 절교를 선언하기도 합니다. 그렇게 관계를 끝내지 말고 각자 어떤 생각을 했는지, 무엇을 기대했는지 서로 나누고 어떻게 대처하면 좋을지 방법을 찾는다면 관계에 더 큰 도움이 되겠지요.

상처의 다른 유형은 말로 인해 받는 상처입니다. 어느 날, 친구는 내가 나에 관한 이야기를 거의 하지 않는다는 것을 알아차립니다. 그래서 나에게 전화를 걸어 "이기주의자!"라고, "너는 너만 생각해!"라고, "내 입장은 전혀 생각하지 않아!"라고 비난을 퍼붓습니다. 그렇게 분노를 표출하고 깜짝 놀랍니다. 각자 상처받은 채 자신을 변호합니다. 너는 속물이라며, 내게 많은 상처를 주었다며 상대를 비난합니다. 이어서 네가 받은 상처가 내 상처에 비해 얼마나 얕은지 저울질합니다. 이때 화해한다는 것은 내가 상처 주는 말이 무엇인지 알아차리는 것, 상대가 왜 그렇게 반응했는지 이해하려고 애쓰는 것을 의미합니다. 상대는 오랫동안 자신의 감정을 억눌렀을 것입니다. 아마 내 태도가 자기를 돌봐주지 않았던 형제자매나 나와 비슷하게 행동해서 상처가 되었던 학창 시절의 친구를 떠오르게 할지도 모릅니다.

이때 화해할 수 있는 방법을 말씀드리겠습니다. 지금 자신이 느끼거나 생각하는 것이 무엇인지 상대에게 털어놓는 것입니다. 또 다른 방법은 용서하는 것입니다. 친구 사이에는 상처가 생길 수도 있습니다. 그럴 때 용서한다는 것은, 친구에게서 받은 상처를 놓아 버린다는 것, 상처에서 벗어난다는 것을 의미합니다. 그러면 상처의 파괴적인 힘에서 벗어나게 됩니다. 이제 친구와 함께 살기 위해 화해하고 새롭게 시작할 수 있습니다. 이렇게 용서하는 것은 내 일입니다. 그러나 화해하기 위해서는 언제나 상대가 필요하고, 다시 우정을 키워 나가고자 하는 상대의 마음도 필요합니다.

용서와 화해는 다릅니다. 이는 두 단어를 살펴보면 알 수 있습니다. 독일어로 '용서하다vergeben'는 '상처에서 벗어나다', '상대에게서 받은 상처를 놓아 버리다'의 의미가 있습니다. 라틴어 '용서하다dimittere'는 용서의 의미를 더 구체적으로 표현하며, '상처를 떠나보내다', '상대에게 받은 상처를 내보내다'의 의미가 있습니다. 그러나 '용서하다vergeben'라는 독일어는 내게 상처 준 사람과의 관계에 대해서는 아무것도 말하지 않습니다. 반면에 '화해하다versöhnen'는 '속죄하다versüenen'라는 단어에서 유래했으며, '평화를 도모하다', '중재하다', '마음을 고요하게 하다', '진정시키다', '입을 맞추다'의 의미를 담고 있습니다. 따라서 더 가까워지기 위해 서로 노력한다는 의미입니다. 라틴어 '레콘실리아티오reconciliatio'는 '다시 공동체로 돌아감', '새로운 관계를 맺음'을 뜻합니다. 그리스어 '카탈라게καταλλαγή'는 '갈라지고 무너진 관계를 해소함'을 의미합니다. 이 말은 종종 정치에서 적용됩니다. 정치적으로 서로 싸우고 나서 사이가 나빠진 두 친구가 다시 평화로운 관계를 유지하기 위해 노력할 때 말입니다.

서로에게 과도하게 요구해서는 용서가 이루어질 수 없습니다. 용서가 각자의 영혼에 부합해야 할 수 있습니다.

용서의 5단계

용서는 통상적으로 5단계로 이루어집니다. 그러나 순서가 바뀌거나 다른 단계와 병행해서 진행되기도 합니다.

1단계는 상처받아 생긴 고통을 수용하는 것입니다.

2단계는 분노에 사로잡혔을 때 내 안에서 상대를 밀어내 적당한 거리를 두는 것입니다. 그리고 분노를 자존감으로 바꾸어, 나를 상대에 맞추지 않고 주도적으로 사는 것입니다.

3단계는 그 사건이 어떻게 진행되었는지 이해하려는 것입니다. '그 사람은 자신이 상처받은 그대로 나에게 한 걸까?' 또는 '어떤 부분이 나를 예민하게 한 걸까?' 상처를 이해하려고 애쓰는 가운데 상처의 관점에서 바라볼 수 있고 나 자신에 관해서도 생각해 볼 수 있습니다. 그러면 예민하게 반응해도 자신을 비난하지 않습니다.

4단계는 용서하는 것입니다. 용서는 자기를 정화하기 위한 치료 행위입니다. '나'는 상처받아 내 안에 고여 있는 부정적인 에너지에서 벗어납니다. 매여 있던 상대에게서도 벗어납니다. 용서하지 않으면 나는 상대에게 옭매여 있는 것입니다. 이는 내게 이롭지 않습니다. 용서하는 것이 내가 일방적으로 상대의 목을 부둥켜안아야 한다거나 항상 모든 것이 좋다는 의미는 아닙니다. 이따금 내 영혼은 상대를 용서한 뒤에도 그 사람과 거리를 둘 필요가 있다고 말합니다. 내 몸도 그렇게 말합니다. 그러나 결정적인 것은 상대에게 받은 상처를 놓아 버리는 것, 그 상처를 나와 연관시키지 않는 것입니다.

5단계는 상처를 진주로 바꾸는 것입니다. 상처는 나를 다시 시작하도록 할 수 있습니다. 생기 있게 지내도록 할 수도 있습니다. 또한 내 고유한 능력을 발견하도록 이끌 수도 있습니다.

친구에게 상처받아서 절교하고 싶은 경우도 있습니다. 특히 항상 자신이 옳다고 주장할 때, 친구가 내 말을 귀 기울여 들어 주지 않는다고 느껴질 때 그렇습니다. 이럴 때는 친구와 외적, 내적으로 모두 거리를 두는 것이 바람직합니다. 물론 나는 내적으로 화해한 다음 친구에게서 떨어져 있어야 합니다. 내 안에 항상 원망하는 마음을 품고 있으면, 여전히 친구에게 매여 있는 것입니다. 그러니 더 이상 지속되지 못할 내 우정의 역사와 화해하는 게 중요합니다. 여기서 화해는 감사하는 마음으로 우정을 되돌아보고 내적으로 평화를 느끼면서 그 우정을 내려놓는 것을 의미합니다.

친구를 평화롭게 떠나보내기 전에 이 우정이 끝난 것을 슬퍼해야 합니다. 고통이 찾아와야 그다음에 평화가 찾아옵니다. 고통은 보통 패배감이나 죄책감과 함께 옵니다. 그래서 자신을 비난하지요.

'우정을 더 잘 관리했어야 하나?'

'친구를 더 이해해야 했을까? 내가 너무 옹졸했나?'

'내가 친구를 밀어낸 건 아닐까?'

이 모든 질문과 마주하며 슬퍼해야 합니다. 슬퍼하는 가운데 내가 다르게 행동할 수 있지 않았을까, 하며 곱씹는 일을 멈추게 됩니다. 지금은 상황이 그렇게 되었습니다. 이제 모든 잘못을 나 또는 친구에게서 바라보지 않고서 이 상황 자체를 수용해야 합니다. 아무도 판단하지 말아야 합니다. 이해하려고 애쓰고, 이 힘든 상황과 화해하기 위해서 노력해야 합니다.

슬픔에 잠긴 이들에게 자주 듣는 말이 있습니다. 슬퍼할 때 많은 친구가 자기에게서 등을 돌렸다고 말입니다. 그 친구들은 함께 슬퍼할 마음이 없었습니다. 갑자기 중병이 든 사람들도 비슷한 경험을 이야기합니다. 힘든 상황에 처하면 누가 진정한 친구인지 알게 됩니다. 이는 고대 로마 철학자 키케로가 남긴 말에서 입증됩니다. "진정한 친구는 곤경을 겪을 때 알아본다Amicus certus in re incerta cernitur."

최근 여러 심리 강좌에서 거듭 다뤄진 주제는 코로나19 위기 때 백신 접종에 대한 견해 차이 때문에 깨진 우정에 관한 것이었습니다. 어떤 사람들은 몇몇 친구가 주장한 음모론 때문에 친구 사이가 갈라졌다고 이야기합니다. 이는 모두에게 유감스러운 일이었지만, 큰 도랑 위에 다리를 놓으려 했던 모든 노력은 결실이 없는 듯합니다. 이 주제를 놓고 토론하면서 다양한 경험담을 듣게 되었습니다. 그리스도인으로 구성된 어느 그룹에서는 이 주제를 다루지 않고, 자신들을 일치시켜 주는 믿음에 관해 이야기했다고 합니다. 그들을 하나 되게 하는 믿음이 분열을 일으키는 그 무엇보다 더 중요했습니다. 그래서 그들은 특정 앱에 백신 접종을 비판하는 글을 올리지 않기로 합의했습니다. 어느 여성은 이 전염병에 관해 친구와 이야기하지 않았습니다. 그러나 그 주제를 피했기 때문에 우정이 약해진다는 생각이 들었습니다. 이 우정에는 뭔가 빠져 있습니다. 진정한 친구라면 모든 것을 나눌 수 있는데 무엇을 감추거나 피해야 하는 것이 생긴다면 그 우정은 불완전하다는 생각이 들게 됩니다.

토론하는 중에 거듭 이런 질문이 제기되었습니다. "우정에 금이 갔을 때는 어떻게 해야 하나요?" 한 가지 방법은 그동안 함께 했던 것을 떠올리는 것입니다.

'지금까지 우리의 우정은 어떻게 유지된 걸까?'

'무엇을 함께 경험했지?' 또는 함께 여행했을 때 겪은 일을 말하며 기뻐할 수도 있겠지요.

다른 방법은 찬반을 놓고 벌이는 논쟁에 끼지 않는 것입니다. 논쟁을 하면 누가 옳은지에만 주안점을 두기 때문입니다. 옳은 것을 놓고 싸울 때는 승자와 패자만 있을 뿐입니다. 근거를 많이 말할 수 있는 사람은 상대를 무시합니다. 패자는 반론을 제기하지 못하더라도 자신의 견해를 고집할 것입니다.

이런 논쟁을 하는 대신 이 주제와 관련된 불안이나 두려움을 이야기하는 것 더 바람직합니다. "음모론을 주장하는 사람은 어떤 두려움을 가지고 있을까? 왜 이 음모론을 주장해야만 할까?

그가 주장하는 음모론은 무엇을 의미할까?" 몇몇 사람들은 특정한 이론 뒤에 숨습니다. 그렇지 않으면 자신이 옳다고 여기지 못하기 때문입니다. 음모론을 주장하는 이들 곁에는 사람들이 가까이 갈 수 없습니다. 그들은 그 현상을 사람들이 음모론을 진지하게 받아들이기 때문이라고 생각합니다. 그렇지만 대부분 정반대지요. 특정한 이론 뒤에 숨는 다른 이유는 사람들이 불확실한 삶과 화해하지 못해서일 수도 있습니다. 그런 사람들은 전 세계에 전염병이 퍼져서는 안 된다고 생각합니다. 자신이 코로나에 걸렸다면, 그에 대한 책임은 다른 누군가에게 있고 이와 관련된 자들은 벌을 받아야 한다고 주장합니다. 그래야 세계를 휩쓴 전염병이 끝난다는 것입니다.

그렇지만 백신 접종을 옹호하는 이도 불안과 두려움을 지니고 있습니다. 이 전염병이 더 확산될까 봐, 이 병에 걸릴까 봐 불안해합니다. 그래서 자기를 보호하려 하지요. 불안과 두려움에 관해 친구들과 대화하면 그 감정이 옅어질 수도 있습니다. 친구들을 평가하지 않고, 내 견해를 주장하지 않고 이야기해 봅시다. 그러면 대화는 다른 맛을 낼 것입니다. 예전처럼 이해한다는 보장은 없습니다. 그러나 서로 존중하는 마음이 다시 생겨나고, 상대의 말을 경청합니다. 의견이 달라도 우정을 나눌 수 있습니다. 전 세계적인 전염병, 백신 접종 같은 주제를 다루면서도 말입니다. 그 주제에만 신경 쓰지 말고 관계를 깊이 해 주는 것에 더 관심을 기울여 봅시다. 그러면 화해하며 살 수 있습니다.

직장에서의 화해

기업이나 기관, 단체를 이끄는 책임자들의 이야기를 듣다 보면 그곳에 분열이 있음을 거듭 알게 됩니다. 예컨대 회사 내에 싸우는 그룹들이 있습니다. 회사와는 다른 관심사를 지니고 있지요. 또 몇몇 직원을 주변에 두고 그들을 지지하는 상사들이 있습니다. 그런 상사들은 제 의견을 관철하려고 세력을 키웁니다. 책임자들이 회사를 분열시키는 까닭은 본인의 내면이 분열되어 있기 때문입니다. 그들은 추종자들을 거느릴 능력이 있지만 다른 사람들에게 다가가지 않습니다. 자신의 목적을 이루려고 추종자들을 이용하지만, 사람들은 전혀 알아채지 못합니다. 어느 상사는 추종자들의 환심을 사고, 그들을 자기편으로 만듭니다. 이렇듯 내면이 분열된 상사를 중심으로 그룹이 형성되면, 회사도 분열됩니다. 제가 아는 어떤 대기업은 자매가 경영합니다. 그런데 그 둘은 서로 사이가 좋지 않아 각자 특정한 사람들을 자기 쪽으로 끌어들이려고 애씁니다. 그렇게 분열되면 결국 회사에 이롭지 않습니다. 회사를 이끄는 자매의 경쟁심과 적대감 때문에 많은 에너지가 허비됩니다.

어느 회사나 단체 내에서 일어나는 갈등을 해소하거나 적대적인 그룹이 화해하기는 쉽지 않습니다. 그들은 이야기를 하지 않습니다. 자신의 부서에서만 의견을 교환하고, 다른 부서는 적으로 여기거나 그러한 이미지를 만듭니다. 생산부는 영업부를 달갑지 않게 생각하고, 영업부는 생산부를 좋지 않게 생각할 수 있습니다. 서로 다른 입장을 객관적으로 이야기하고 타협점을 찾으려 해도 충분하지 않습니다. 화해하지 못하면 상황은 더 심각해지기 때문입니다. 관리부와 판매부, 생산부와 영업부 사이에는 긴장이 생기기 쉽습니다.

개인적으로 상처를 받거나 어떤 안 좋은 소문 때문에 그룹들이 분열되고 상황이 더 심각해지면 화해의 길로 나아가는 과정이 필요합니다. 이럴 때 통상적으로 외부 전문가나 중재자가 필요한데, 이 제삼자는 당사자들과 대화를 나누면서 해결되어야 할 문제를 찾아냅니다. 가족 기업을 경영하는 경우에는 자신의 이익을 위해 자녀들을 경쟁시키는 부모도 적지 않습니다. 그렇기에 계열사를 이끄는 형제자매들이 화해하지 못합니다. 동생은 자기만 전력을 다해 일하지, 형은 일을 제대로 하지 않는다고 생각합니다. 어떤 사람은 함께 경영하는 형제에게 마음을 열지 않고 오히려 가족 문제를 회사로 끌어들입니다. 그리고 형제에게 마음을 닫은 것을 정당화하며 그 이유를 논리적인 듯 말합니다. 그렇지만 실제로는 아버지가 형이나 동생과 자신을 동등하게 대하지 않았다고 생각했습니다. 그래서 형제에게 복수한 것이지요. 자신이 원했던 것을 아버지에게서 받지 못했기 때문입니다.

때로는 중재하는 과정에서 빠르게 화해가 이루어집니다. 그렇지만 너무 빨리 이루어지면, 그 효과는 오래 지속되지 않습니다. 당사자들은 서로 이해했다고 생각하지만, 얼마 지나지 않아 해묵은 갈등이 다시 모습을 드러냅니다. 그 갈등은 적개심이라는 더 심각한 감정에서 비롯됩니다. 따라서 꼭 과거를 돌아봐야 합니다. 완전히 갈라선 형제 또는 자매들, 가족 구성원에게서 등을 돌린 기업 책임자들은 분열이 일어나거나 적개심을 갖도록 이끈 것이 무엇인지 떠올려야 합니다. 리하르트 폰 바이체커Richard von Weizsäcker는 특히 사회 안에서의 화해를 위해 과거를 돌아보기를 요청했습니다. "과거에서 눈을 돌리는 사람은 현재를 바라보지 않는 것이다." 그는 이렇게 말하면서 고대 유다인들의 지

1984년부터 1994년까지 재임한 독일의 제6대 대통령이다.

혜를 인용합니다. "과거를 잊으려는 것은 유배 시간을 늘리는 것이고, 구원되는 것의 비결은 지난날을 상기하는 것이다."[12] 앞에서 예로 든 형제자매들 또는 회사는 과거를 바라보아야 합니다. 그래야 새롭고 확실한 자세로 미래를 향해 나아갈 수 있습니다. 지난날을 떠올리지 않는 것은 회사 위로 잿빛 구름이 드리워진 것과 같습니다. 무엇이 중요한지, 여러 부서 또는 경영자들이 왜 이해를 못 하는지 아무도 모릅니다.

어느 회사가 외부 투자자나 다른 회사로 넘어갈 경우에는 분열이 일어납니다. 그러면 이때까지는 두각을 드러내지 않았지만 새로운 회사를 이끄는 데 적합하다고 선택된 이들은 좋은 대우를 받고, 한평생 회사를 위해 투신하고 회사의 가치를 높이기 위해 기여해 온 이들은 해고당할 수 있습니다. 사원들의 결속력은 약해집니다. 회사를 위해 몸 바쳐 온 이들은 기존의 회사 문화와 정체성을 지키려고 애써 보지만, 공허함에 빠집니다. 새 소유주는 그들이 지금까지 회사에 기여한 점을 존중하지 않고 모든 것을 싹 바꾸려 합니다. 그렇지만 바꾼다는 것은 지금까지 있었던 것에 대한 가치를 다시 판단한다는 긍정적인 의미도 있습니다. 변하면 달리 보일 것입니다.

가끔은 회사가 바뀌어야 합니다. 외적 상태와 주변 환경이 달라졌기 때문입니다. 이는 완전히 다른 회사로 탈바꿈해야 한다는 의미가 아니라, 본래의 모습 속으로, 원래의 강함 속으로 점점 더 깊이 들어가 성장한다는 것을 의미합니다. 회사의 소유주가 바뀔 때와 마찬가지로 변화를 계획할 때도 불안과 두려움, 저항이 생깁니다. 새로운 경영진이 이러한 불안과 두려움, 저항을 간과해 버리고 경영 철학에 맞서는 이들을 해고하면, 새 회사는 분명 더 나아지지 않을 것입니다. 화해한다는 것은 회사의 새로운 책임자들이 지금까지 회사를 위해 열심히 일한 이들의 말을 잘 경청하는 것, 그들의 불안과 두려움, 저항을 진지하게 받아들이는 것을 의미합니다. 당사자들에게 왜 반대하는지 그 이유를 물어봐야 합니다. 그들이 반대하는 데는 언제나 이유가 있기 때문입니다. 아마 새로운 책임자들이 무언가를 간과했거나 회사를 충분히 알지 못한 채 경영 전략을 수립했기에 반대하는 것일 수도 있습니다. 그렇다면 반대는 책임자들이 회사에 맞지 않게 너무 빨리 바꾸려 했거나 사원들의 의견을 듣지 않았다는 것을 나타냅니다. 물론 회사가 변하는 것을 지지할 준비가 되지 않았기에, 기존 방식을 고수하기에 마음을 닫아 버린 사원들도 있습니다. 그러나 이들과 함께 대화를 나누고 나면 기존에 일했던 사원들과 함께 미래를 향해 나아갈 수 있는 길을 발견하게 됩니다.

같은 믿음을 지닌 이들의 화해

서양의 역사는 종파가 다른 이들이 수백 년간 서로 화해하지 못한 채 살아온 모습을 보여 줍니다. 종파가 다르다는 이유로 적대시한 사람들이 가까워지기까지는 오랜 시간이 필요했습니다. 오늘날 개별 교회 내에도 분열이 존재합니다. 흔히 교의를 놓고 벌어지는 끊임없는 논쟁과 독선적 태도가 문제입니다.

"누가 참된 믿음을 굳게 지키는가?"

"무엇이 믿음을 왜곡하는가?"

"어떻게 해야 교회 공동체가 이 시대에 가장 잘 부합할까?"

상이한 신학적 태도, 또는 영적 사조로 인해 생기는 분열은 대체로 두려움에서 비롯됩니다. 분열한 그리스도인은 예수님의 말씀을 잊었습니다. 어떤 사람이 예수님의 이름으로 마귀를 쫓아내는 것을 보고 제자들은 흥분해서 그 일을 예수님께 이야기했습니다. 그러자 예수님께서는 이렇게 말씀하셨습니다.

"막지 마라. 너희를 반대하지 않는 이는 너희를 지지하는 사람이다."(루카 9,50)

사제들을 비롯해 사목 협력자들은 다양한 영적, 신학적 사조에서 몇몇 교우들을 끌어내는 일이 얼마나 힘든지 이야기합니다. 반대 입장이 너무 강합니다. 어떤 교우는 자신의 견해만 고수하면서 하느님께 순종한다고 여깁니다. 교회 안에 도사리는 위험은 자신의 견해가 교의적으로 옳음을 고수하며 교의를 놓고 싸우게 되는 것입니다.

4세기에 살았던 수도자들은 이런 깨달음을 얻었습니다. "모든 과도함은 악령에게서 비롯된 것이다." 따라서 어느 한쪽에도 치우치지 않는 중용이 중요합니다. 중용을 지키면 지혜와 온유함, 드넓음과 자유 안에서 살게 됩니다. 중용을 지키는 사람은 모든 사람에게 다가갈 수 있습니다. 극단적 좌파나 우파에 속하는 이들에게도 말입니다. 그러한 사람은 양극을 연결합니다. 만일 중용을 지키지 못한다면 한쪽 방향으로 치닫게 되어 상대와 싸울 수밖에 없습니다.

이런 경우에는 독선적이고 편협한 영역에서 경험의 영역으로 넘어가야 화해가 가능합니다. '보수적 성향을 고수하는 그 이면에는 어떤 경험이 숨어 있을까? 이 사람은 왜 이렇게 편협하고 보수적인 태도를 가지게 되었을까? 그 태도가 꼭 필요한 걸까? 나태해지지 않으려고 그러는 걸까? 아니면 방향성 없는 이 시대에서 방향을 잃지 않기 위해서? 아니면 하느님 앞에서 올바른 행동을 하지 못할까 봐 드는 두려움 때문일까?' 완고한 견해 이면에 숨어 있는 경험은 존중되어야 합니다.

갈등이 일어나는 세대 간의 화해

수도원에는 연로한 회원들과 젊은 회원들이 고루 섞여 있어야 잘 유지됩니다. 공동체 안에 젊은 수사들만 있으면 쉽게 경쟁심이 생기지요. 그렇다고 나이 든 수사들만 있으면 활기 없을 때가 많습니다. 수도원은 이렇지만 사회와 회사에서 우리는 다른 세대들이 서로 그들만의 사고로 판단하고 거부하거나 싸우기까지 하는 모습을 종종 목격합니다. 젊은 세대가 기성세대에 맞서는 이 싸움은 '68세대 운동'[*]이 일어났던 시기에 극명하게 드러났습니다. 그 당시 젊은이들은 윗세대가 국가사회주의(나치)가 장악했던 과거를 잊으려 애쓰고 경제적 성장에만 집중한다는 인상을 받았습니다. 나이 든 이들은 옛날 관습을 고집했습니다. 시위에 참가한 대학생들이 내건 구호는 "학사복 아래로 천 년 전부터 껴온 머프가 보인다!"[**]였습니다. 그렇게 그들은 기성세대에게 항거했습니다. 세대 갈등은 역사 속에서 거듭 나타났습니다. 더 심하거나 덜 심하게, 강도만 다를 뿐이었습니다.

---

[*] 1968년에 젊은이들이 유럽을 비롯한 미국 등지에서 기성 체제에 저항하며 일으킨 사회 변혁 운동을 말한다.

[**] Unter den Talaren der Muff von tausend Jahren, 여기서 '학사복'은 대학 졸업식 때 입는 검은색 예복을 말한다. 그 당시 대학생들은 학교의 엘리트적 구조와 시대에 뒤떨어진 전통을 고수하는 대학 정책에 저항하면서 민주화와 학생들의 공동 결정권을 요구하며 이렇게 외쳤다.

세대 갈등은 보통 불안함 때문에 생깁니다. 나이 든 세대는 통제력을 잃을까 봐, 자신의 힘을 내려놓아야 할까 봐 불안해하고, 새로운 것들을 두려워합니다. 젊은 세대는 회사에서 제 의견이 반영되지 않을까 봐, 상사를 견뎌 내지 못할까 봐 불안해하고, 주변 사람들의 삶이 경직된 것을 두려워합니다.

　그 외에는 다른 생활 문화 때문에 갈등이 생깁니다. 나이 든 이들은 젊은이들의 생활 방식을 이해할 수 없습니다. 젊은이들 역시 마찬가지입니다. 갈등이 생기고 다른 세대를 거부하고 깎아내립니다. 나이 든 이들에게는 젊은이들이 이기적이고 자신의 욕구만 채우려 한다는 선입견이 생깁니다. 젊은이들에게는 나이 든 이들이 계속 힘을 유지하려고 옛것만 붙들고 있다는 선입견이 생깁니다. 50세가 넘은 직원들은 젊은 사람들이 회사일 외에 취미 생활을 하면서 시간을 보내려 하는 모습을 보며 실망합니다. 젊은 사람들은 나이 든 직원들이 일만 하며 시간을 보내고 기진맥진한다고 비난합니다. 이런 경우에도 화해가 필요합니다.

　세대 간에 화해하려면, 서로 상대의 목소리를 주의 깊게 경청하고 어떻게 조화를 이룰지 모색하는 것이 중요합니다. 말을 듣고 그 즉시 어떤 평가를 하지 말아야 합니다. 각각 자신이 겪는 불안 앞에 서야 화해할 수 있습니다. 불안 앞에 서면 갈등을 주시할 수 있습니다. 끊임없이 자기를 변명하거나 상대와 싸우지 않고서 말입니다. 자신의 주장에 의문을 제기하고 다른 세대가 중요하게 생각하는 것이 무엇인지 귀 기울여 듣는 자세가 필요합니다.

오히려 조부모와 손주가 잘 지낼 수 있습니다. 손주들은 조부모를 좋아합니다. 조부모는 대체로 손주와 큰 갈등이 없지요. 갈등은 대부분 바로 위아래 세대에서 일어납니다. 가정에서는 부모와 자녀 간에 갈등이 일어납니다. 두 세대는 관심사가 서로 다릅니다. 가정에서 일어나는 갈등은 이어서 사회로 옮겨 갑니다.

68세대 운동이 일어났을 때를 당시의 대학 교수들은 질서가 무너졌다고 생각했습니다. 시위하는 젊은이들이 말을 듣지 않았기 때문입니다. 나이 든 이들도 무력으로 기존 체제를 무너뜨릴 수 있습니다. 대학생들이 아무리 시위한다 해도 고루한 생각을 가지고 이를 무력으로 옹호하는 정치적 지도자들의 권력에 대항할 수 없습니다. 많은 전제 군주제 국가, 즉 러시아, 튀르키예를 비롯해 여러 아랍 국가에서 이런 현상을 볼 수 있습니다. 사회가 젊은이의 말에 귀 기울이지 않으면 분열됩니다. 분열은 사회를 마비시키고, 종종 경제 위기로도 이끕니다.

사회학자 마우는 일부 매체가 보도하는 바와 달리 오늘날 세대 갈등이 무조건 존재하지는 않을 것이라고 진단합니다. 대중 매체에서는 진보적인 젊은이들은 사회를 바꾸려 하고, 보수적인 노인들은 변화를 막으려 한다며 갈등을 퍼트리고 있습니다. 마우는 이런 현상을 연구하여 다소 모호한 결론을 내놓았습니다. 일례로 그는 '젠더' 주제를 듭니다. "언론 기관 편집국에서 일하는 30세 이하는 '젠더' 주제를 선호하고 40세 이상은 이 주제를 다룰 마음이 없어 보인다. 연로한 이들이 속한 단체들에서도 젠더에 관한 주제는 대체로 다루지 않고 있다. 반면에 세대 갈등은 현실적인 것으로 간주되고 있다. 대중 매체(사이버) 활동에서 볼 수 있듯이, 문자나 글에 친숙한 환경에서 세대 갈등이 존재하고 공공연하게 조장되고 있기 때문이다."[13] 세대 간의 대립은 항상 존재합니다. 이를 통해 사회가 활기차게 유지되기도 합니다. 그렇지만 일부 매체에서 보도되듯이 갈등이 절대적인 것으로 여겨져서는 안 됩니다. 오늘날에는 갈등 속에서도 많은 사람이 화해하려는 준비가 되어 있습니다. 나이를 먹을 만큼 먹은 저의 관심사는 이 책을 통해 세대 간에 화해할 마음을 강화시키는 것입니다. 세대 간의 화해가 가능한지 질문을 던지는 대신에 말입니다.

사회 안에서의 화해

♥ 평가 대신 공감

많은 저널리스트가 현재 사회는 분열되었다고 지적합니다. 신문 1면에는 사회 안에 여러 사조가 퍼져 있고 이로 인해 생긴 도랑들이 점점 더 깊어진다고 경고합니다. 도시와 지방, 노인과 젊은이, 동부와 서부, 남부와 북부, 남자와 여자, 부자와 가난한 이 사이에 놓인 도랑이 점점 더 깊어진다는 뜻입니다. 백신 접종을 반대하는 이들과 찬성하는 이들, 난민에게 새로운 고향을 주려는 이들과 낯선 것이 두려워 난민을 거부하는 이들 사이에 도랑이 놓여 있습니다. 엄마가 되었으면 집에서 자녀를 돌봐야 한다고 주장하는 이들과 출산 후에는 최대한 빨리 회사에 복직하는 것이 바람직하다고 여기는 이들 사이에 도랑이 놓여 있습니다. 언론 매체는 견해가 서로 다른 이들은 대립하게 되어 합리적이고 객관적인 대화는 불가능해진다고 합니다.

사회학자들을 비롯한 다른 학자들의 경험적 연구는 희망 넘치는 사회의 모습을 제시합니다. 이와 관련해 독일의 동부 지역과 서부 지역이 분열된 모습을 예로 들 수 있습니다. 마우는 이렇게 말합니다. "언론 매체가 작센주州(구동독 지역)에서 항의하는 모습에 초점을 맞추는 것은 생각보다 더 큰 차이가 있음을 사람들에게 은연중에 믿게 하는 것이다."[14] 분열과 갈등은 존재하겠지만, 다름과 갈등은 더 줄어든다는 희망도 존재할 것입니다. 따라서 동부 지역과 서부 지역에서 비슷하게 생각하는 사람들이 의견을 표명해야 합니다. 자신과 다르게 생각하는 사람들을 이해하려는 자세도 필요하지요. 구동독 사람들의 정체성이 구서독 사람들의 정체성에 비해 하찮게 여겨지면, 동부 지역 사람들이 상처받는다고 마우는 확신합니다. 그러니 다른 사회에서 사는 이들을 평가하지 말고 그들의 마음속으로 들어가 공감하는 자세가 중요합니다. 그리고 사회 내의 모든 단체를 존중하는 태도 역시 중요합니다. 어느 단체가 사람들이 그들의 말을 듣지 않는다고 느끼면 그 사회에서는 분열이 일어나기 쉽습니다.

♥ 다른 견해에 대한 두려움

심리학자들은 사람들이 불분명함, 다른 생각에 대응하는 법을 배워야 한다고 합니다. 많은 사람이 신속하고 명료한 내답을 원합니다. 그렇지만 삶은 늘 애매함, 모호함, 불확실함, 상반됨 속에서 진행됩니다. 단순히 흰 것과 검은 것, 옳음과 그름은 존재하지 않습니다. 그 사이에는 많은 음조, 색조가 존재합니다.

이렇듯 애매함, 불분명함에 대한 두려움은 몇몇 사람에게 견해가 다른 이들과는 절대로 대화하지 않는 편이 낫다는 확신을 가지도록 이끕니다. 그들은 상대의 말을 듣지 않고, 즉시 밀어내야 할 무리로 분류해 버립니다. 그리고 특정한 견해는 전혀 듣지 않습니다. 상대를 곧바로 좌파나 우파에 세우기 때문입니다. 그러면 상대는 자신의 견해를 이성적으로 제시할 기회를 더 이상 잡지 못합니다. 처음부터 '영원한 사기꾼', '잔소리꾼', '극단적인 보수주의자' 또는 '진보적인 몽상가', '비현실적인 공상가'로 낙인찍힙니다. 이는 분열로 이어집니다. 다른 견해들과 더불어 살아야만 건강한 사회로 갈 수 있습니다.

독-러 문화협회에서 일하는 어떤 남성은 자신이 양국의 화해를 위해 애썼기 때문에 '(적과의) 협력자'로 낙인찍혔다고 합니다. 러시아 정부 정책과 러시아인을 구분하지 않으면, 그들과의 우정은 즉시 안 좋은 것으로 평가됩니다. 베를린 훔볼트 대학교에 재직하던 어느 여교수가 해임당했습니다. 다른 견해를 내놓았기 때문입니다. 사람들은 다른 견해를 두려워하고, 그 견해를 전혀 들으려 하지 않습니다. 이런 까닭에 사회학자들은 오늘날 우리

🍃 Kollaborateur, 제2차 세계 대전 때 점령지에서 나치에 협력했던 사람을 이르는 말이다.

에게 절실히 필요한 관용, 불확실함에 대한 관용을 이야기합니다. 관용은 상반된 것이나 문화적 제약에 따른 다름을 인지할 때 생겨납니다. 이러한 불확실함에 대한 관용이 없으면 흑백 사고가 생겨나고, 다른 견해와 문화 때문에 싸움이 벌어집니다. 사람들은 긴장과 불확실함을 견디지 못하고, 종종 자신의 편향된 견해를 강력히 주장합니다.

사람들이 왜 불확실함과 견해가 다른 것을 두려워하는지 그 이유를 찾다 보면, 그 이면에 결여된 자존감이 숨어 있음을 알게 됩니다. 사람들은 다른 의견을 마주하기를 두려워합니다. 발 디딜 땅을 잃게 될지도 모르기 때문입니다. 그리고 진실과 현실에 대한 자신의 직감을 신뢰하지 않으니 먼저 형성된 의견 뒤에 숨을 수밖에 없습니다. 또는 두려움을 마주하지 않으려고 자신에게 두려움을 일으키는 견해를 몰아내려고 애씁니다.

그런 '한랭 전선'이 형성되는 다른 이유는 지난날을 떠올리지 않았기 때문입니다. 우리는 과거를 포장할 수 없다고 폰 바이체커가 지적합니다. 우리는 과거를 없있던 일로 만들 수 없습니다. 그렇지만 폰 바이체커는 동시에 이렇게 확신합니다. "과거에서 눈을 돌리는 사람은 현재를 바라보지 않는 것이다. 비인간적인 것을 떠올리려 하지 않는 사람은 다른 형태로 그것에 다시 감염

될 위험이 있다."[15]

히틀러 정권 초기와 유사한 일이 일어나는 것을 요즘 독일 사람들은 체험하고 있습니다. 증명할 수 없는 소문들이 퍼져 나가고 있습니다. 몇몇 사람들은 어느 교회가 무슬림 사원으로 바뀌었다거나 어느 무슬림은 돼지고기 먹는 것을 눈감아 준다는 가짜 정보를 퍼뜨립니다. 이 정보는 소셜 미디어를 통해 빠르게 퍼져 나갑니다. 어떤 사람들은 자신을 외부 세력에 의한 희생자로 여깁니다. 따라서 더 자유로이 생각하는 이들이나 다른 문화에 뿌리를 두고 있는 이들과 싸웁니다. 1930년대와 지금의 추세는 유사합니다. 폰 바이체커는 이렇게 말합니다. "젊은이들은 당시(나치 시대)에 일어났던 일에 대한 책임이 없다. 그러나 그 사건으로 인해 역사 속에서 진행되는 일에 대해서는 책임이 있다."[16] 낯선 것에 대한 두려움은 결국 그것을 사악한 것으로 낙인찍어 분열로 이끕니다. 낯선 사람들의 생소한 면을 있는 그대로 인정하는 것, 그리고 자신 안에서 알지 못하는 이들과 화해하는 것이 바람직한 태도겠지요. 그렇게 되면 다른 문화권에서 독일로 온 사람들과도 더 잘 화해하고 교류할 수 있을 것입니다.●

● 이는 최근에 시리아를 비롯한 여러 국가에서 내전이 일어나 많은 사람이 독일로 이민 온 것과 관련된 이야기다. 독일에서는 난민을 가장 많이 수용한다.

어느 사회에서 어떻게 해야 화해가 싹트는지, 분열이 싹트는지는 여러 정당과 사회단체들만 아니라 개개인에도 달려 있습니다. 우리는 사회가 분열되는 추세에 무력하게 넘어가지 말아야 합니다.

♥ 대화는 관계를 형성한다

누구나 화해에 기여할 수 있습니다. 우리가 하는 말은 사람들을 분열시키거나 화해하게 합니다. 또는 유죄 판결을 내리거나 이해시킵니다. 사람들을 결속시킬 수 있지만 분열시킬 수도 있습니다. 따라서 다른 사람에 대해 어떻게 말해야 하는지 주목해야 합니다.

우리는 말을 많이 합니다. 그러나 잡담만 늘어놓는다면 쓸데없는 말에 불과합니다. 진실하게 이야기해야 진정한 대화를 할 수 있습니다. 독일어로 '이야기하다sprechen'는 '베르스텐bersten'에서 왔는데, 이 동사는 원래 '개인적인 것에 관해 이야기하다', '마음에서 우러나오는 말을 하나'라는 의미가 있습니다. 대화는 언제나 관계를 형성합니다. 대화는 사람들을 서로 결속시키지만, 수다나 잡담은 사람들을 분열시키는 경우도 있습니다.

어느 분야의 전문가나 저명인사들이 공적인 자리에서 토론하는 모습을 보면 상대를 공개적으로 비난한다는 느낌이 들기도 합니다. 그들은 공격적인 말을 쏟아 내고, 야비한 말도 종종 퍼붓습니다. 분노하면서 자기 입장을 표명하는 이들은 대개 상대가 실제로 무엇을 생각하는지, 상대의 견해에서 재고할 만한 점이 있는지 주의 깊게 들을 준비가 되어 있지 않습니다. 모욕적인 말을 늘어놓고, 때로는 증오까지 퍼붓습니다.

성경은 말이 어떻게 갈라지는지, 사람들이 말로 어떻게 화해할 수 있는지 우리에게 전합니다. '바벨탑' 이야기에서는 하느님께서 사람들의 말을 뒤섞어 놓으시어, 서로 남의 말을 알아듣지 못하게 만들어 버리신다는 내용이 나옵니다(창세 11,1-9 참조). 이로 인해 그들은 높은 탑을 세우려는 공동 목표를 더 이상 실현할 수 없게 되었습니다. "그리하여 그곳의 이름을 바벨이라 하였다. 주님께서 거기에서 온 땅의 말을 뒤섞어 놓으시고, 사람들을 온 땅으로 흩어 버리셨기 때문이다."(창세 11,9)

지금 우리는 말이 뒤섞인 시대에 살고 있다는 생각이 듭니다. 서로 형식적인 말만 늘어놓고 다른 사람들의 말을 이해하려 하지 않기 때문입니다. 진정성 있게 이야기를 나눌 수 없다면 사회에서 함께 잘 살아갈 수 없습니다. 그렇게 되면 분열과 적대감이 존재합니다. 하느님께서는 그 반대 모델을 내놓으셨습니다. 오순절에 성령을 보내셨고, 이어서 불꽃 모양의 혀들이 나타나 갈라지면서 각 사람 위에 내려앉게 하셨습니다. "불꽃 모양의 혀들"(사도 2,3)은 마음을 따뜻하게 하는 말, 불꽃이 옮겨붙는 말을 가리키는 상징입니다. 전 세계에서 온 사람들은 제자들이 말하는 것을 저마다 자기 지방 말로 들었습니다. 그들은 놀라워하며 물었습니다. "지금 말하고 있는 저들은 모두 갈릴래아 사람들이 아닌가? 그런데 우리가 저마다 자기가 태어난 지방 말로 듣고 있으니 어찌 된 일인가?"(사도 2,7-8)

이러한 말이 오늘날 우리에게 다시 필요하다고 봅니다. 사람들은 세계 어느 나라에서든 영어로 소통할 수 있습니다. 자기가 속한 사회에서 우리는 하나의 공통어로 이야기하지만, 이렇게 같은 언어를 사용해도 견해가 다르면 서로 이해하지 못합니다. 일부 단체들은 다른 이들이 이해할 수 없는 자기들만의 언어를 사용합니다. 우리는 끊임없이 유죄 판결을 내리는 말을 하고, 누군가에 관해 단정적으로 말함으로써 사람들을 분열시킵니다.

우리가 하는 말에는 책임이 따릅니다. 교부들은 이렇게 말합니다. "우리는 말로 집을 짓는다." 그러니 자기가 하는 말로 모든 사람이 편안하게 느끼는 집, 이해받는다고 느끼는 집을 지어야지, 불편함을 느끼는 집을 지어서는 안 됩니다. 불편하다면 사람은 자신의 골방으로 들어가 다른 사람들과 더 이상 교류하지 않게 될 것입니다.

민족들의 화해

프랑스와 독일은 수백 년간 적대감이 감돌았습니다. 이 적대감은 보불전쟁*과 두 차례의 세계 대전이 일어나면서 극대화되었습니다. 그렇지만 제2차 세계 대전 후에 양국 대표인 샤를 드골 대통령과 콘라트 아데나워 수상이 만나면서 두 민족의 화해가 시작되었고, 우정을 쌓게 되었습니다. 학생 교환 프로그램이나 각국 도시들이 자매결연을 맺으면서 사이가 더욱 가까워졌고 프랑스와 독일 사이에 지속적인 평화를 가져왔습니다.

나치 시대에 독일이 큰 불의를 저질렀던 폴란드, 체코, 헝가리와의 관계 또한 제2차 세계 대전 후에 점점 더 개선되었습니다. 독일과 러시아의 관계도 20세기 말 경제 및 문화 교류를 하면서 호전되었습니다. '철의 장막' 사건 이후 사람들은 동유럽과 서유럽이 점점 더 깊이 화해하기를 바랐습니다. 하지만 이 기대는 러

---

* 1870년부터 1871년까지 프랑스와 프로이센(독일) 사이에서 벌어진 전쟁. 이 전쟁 이후 독일 제국Deutsches Reich이 탄생했으며, 프랑스는 알사스-로렌 지역을 잃었다.

시아와 우크라이나 사이에서 전쟁이 시작되어 다시 먼일이 되고 말았습니다. '무역을 통한 변화'라는 기대 역시 중국과의 관계에서 실현되지 못했습니다. 세월이 흐르면서 좋은 관계가 많이 구축되었지만, 그렇지 않은 경우도 많습니다.

다른 민족들은 화해하기 위해 정치적 시도를 하지만, 돌연 예전의 원한이 모습을 드러내는 경우도 있습니다. 독일과 이스라엘이 맺은 우정은 독일에서 유다인을 배척하는 견해가 표명됨으로써 방해받고 있습니다. 프랑스에서는 독일에 대한 선입견이 다시 드러나고, 독일은 프랑스에 대한 옛 감정이 살아나고 있습니다. 제 여동생이 약 30년 전에 이탈리아에 가서 언어 강좌를 신청했는데, 어떤 영국 청년이 독일 여성과 함께 수강할 수 없다고 항의했다고 합니다. 이탈리아어 강좌 책임자가 나선 뒤에야 상황이 수습되었지만 이 영국 청년은 그 뒤에도 여동생과의 모든 교류를 피했습니다.

제가 강연하려고 네덜란드에 갔을 때의 일입니다. 저를 초대한 사람이 운전하는 차를 타고 인근의 강연 장소로 가고 있었는데, 어떤 자동차가 우리 차를 끈질기게 쫓아오다 추월한 뒤 속도를 줄였습니다. 그러자 운전하던 사람이 저에게 사과하면서 독일인에 대한 묵은 감정을 이런 방식으로 해소하려는 젊은 네덜란드인이 몇몇 있다고 말했습니다.

   화해를 하기까지는 분명 많은 시간이 필요합니다. 화해하기로 결심하는 것으로는 문제가 해결된 것이 아닙니다. 과거를 몰아내려고만 하면 표면적으로 했던 화해 안에 숨어 있는 오래된 선입견과 원한이 모습을 드러내는 경우가 많습니다. 역사는 사람들의 마음 깊이 각인되어 있습니다. 의식하지 못하더라도 말입니다. 폴란드나 우크라이나를 바라보면 변화무쌍한 역사를 겪었음을 알게 됩니다. 여러 민족은 외세의 압력을 자주 받았고, 힘겹게 자신의 정체성을 찾았습니다. 따라서 각국 사람들 사이에서는 위협에 대한 두려움이 모습을 드러냅니다. 헝가리는 오랜 세월 동안 튀르키예와 전쟁하느라 시달렸습니다. 지금 갑자기 무슬림 국가 출신의 많은 난민이 그 나라에 들어온다면, 옛날에 받은 위협에 대한 두려움이 다시 크게 엄습할 것입니다. 독일인이 헝가리인을 그 나라의 역사를 배제한 채 바라보고 판단한다면, 그들에게 부당한 일입니다. 다른 민족들을 그들의 역사에 비추어, 그들의 역사를 바탕으로 이해하려는 자세가 중요합니다.

   중국에서 오랫동안 활동했던 선교사는 저에게 이런 말을 했습니다. 중국인에게는 과거가 늘 현재라고 말입니다. 그들은 과거를 잊을 수 없습니다. '의화단의 난'(의화단 운동)이 일어났을 때의 고통스러운 기억은 중국인에게 항상 살아 있습니다. 청나라 군대와 의화단은 당시 독일을 포함한 서구의 여덟 개 강대국과 싸우고 패했습니다. 이러한 역사를 배제한 채 중국인을 이해할 수 없습니다. 또 중국인만 자신들의 역사와 화해할 것이 아니라, 서구 열강들도 중국 역사를 살펴보아야 합니다. 먼저 과거를 정확히 연구하고 민족들 간에 화해 의식도 거행해야 안 좋았던 예전 상황이 개선될 수 있습니다. 그래야 지난날의 상처가 치유되고, 현재의 생각과 행동을 결정할 수 있습니다. 드골 대통령과 아데나워 수상이 악수한 일이나 빌리 브란트 수상이 폴란드를 방문하여 그저 바르샤바 게토의 유다인 기념비 앞에서 무릎을 꿇은 일이 말을 건네는 것보다 더 깊은 인상을 남긴 화해 의식이었습니다.

아프리카 르완다에서는 1994년에 후부족 극난주의자들이 소수의 투치족을 근절하려고 일어섰습니다. 잔인한 학살이 자행되었습니다(르완다 집단 학살). 100일 만에 다수의 후투족이 투치족 75퍼센트를 살해해 어림잡아 백만 명에 이르는 사람들이 목숨을 잃었습니다. 그때 서방 국가들은 방관하고 있었습니다. 그 후 그리스도교는 다른 종족들의 화해를 위해 힘썼습니다. 투치족과 후투족을 위한 자리를 마련해 주었고, 두 종족이 서로 자신들의 경험을 이야기하고 화해 의식을 거행하게 해 주었습니다. 이렇게 화해가 이루어졌습니다. 그럼에도 고통스러운 기억은 르완다에 사는 사람들에게 계속 남아 있습니다. 지금 이 나라에 사는 사람들의 삶을 과거가 규정하지 않고 서로를 위한 새로운 길을 찾기 위해서는 오랜 시간이 필요할 것입니다. 예전에 당한 폭력 행위가 언젠가 무의식에서 되살아나 새로운 폭력으로 이어지지 않는다고 확신할 수 없으니까요.

저는 폴란드, 체코, 슬로베니아, 크로아티아에서 강연하면서 어떻게 해야 화해할 수 있는지 알게 되었습니다. 각국의 청중이 독일인에 대한 선입견 없이 독일 수도자인 제 말에 귀 기울이는 것이 아름답게 보였습니다. 물론 저에게 중요한 것은 아는 척 나서는 게 아니라 그리스도의 메시지를 전하고 공산주의 지배 아래서도 믿음을 지킨 사람들의 가치를 인정하는 것입니다. 서로의 말을 듣고 대화를 나누는 것이 우리를 결속시키고, 두 차례의 세계 대전이 만들어 놓은 오래된 도랑 위에 다리를 놓게 합니다.

몇 년 전에 폴란드 크라쿠프에 있는 성당에서 강연한 적이 있습니다. 그때 강연을 앞두고 어느 연로한 여성이 젊은 여성과 함께 다가왔습니다. 그러더니 젊은 여성이 저에게 독일어로 말했습니다. "이 할머니가 신부님과 포옹하고 싶어 하세요." 저는 그

나이 든 여성과 포옹하면서 그녀가 지난날 독일인에게 큰 상처를 받았음을 알아챘습니다. 그 순간 어떻게 해야 화해할 수 있는지 깨닫게 되어 감사한 마음도 들었습니다. 나이 든 여성과의 이 포옹은 제 마음을 깊이 움직였습니다.

세월이 흐르면서 민족들은 활발하게 교류하고 있습니다. 이때 이전 세대가 과거에 저질렀던 잘못을 기억하면서 해당 국가 사람들과 겸손하게 교류하는 것이 중요합니다. 이러한 진정성 있는 새로운 만남을 통해 서서히 변화가 일어날 것입니다.

지도자를 위한 세미나를 개최하면 언제나 민족들이 화해하는 데 오늘날 글로벌 대기업들이 중요한 사명을 지녔음을 의식하게 됩니다. 다양한 민족과 여러 문화권 출신의 사람들이 대기업에서 일하고 있으니까요. 어느 기업에서 신뢰가 형성되고, 다양한 문화권에서 온 직원들이 서로의 문화와 가치관을 이해하며 잘 협력한다면 그 기업은 화해에 중요한 기여를 하게 됩니다. 다양한 문화권에서 온 사람들이 서로를 알아갈수록 편견이 줄어듭니다. 생활 방식과 인생관이 서로 다름을 인정하는 것, 다른 문화적 특성을 존중하는 것 역시 중요합니다. 난관을 헤쳐 나가거나 갈등을 겪지 않고서는 일이 잘 돌아가지 않는다는 것을 많은 기업이 경험합니다. 서로 다른 배경과 문화를 가진 사람들이 일하며 화해의 과정을 지속하는 것은 기념할 만한 일입니다. 이들은 단순히 외적으로 화해하는 데 그치지 않고, 점차 깊은 이해를 바탕으로 진정한 화해를 이루어 나갑니다. 이 과정에서 과거에 품었던 적대감이나 편견을 극복하고 서로의 차이를 존중하며 협력하게 됩니다.

지금 같은 다문화 사회에서는 다른 문화권에서 온 사람들과 화해하는 것이 중요한 과제입니다. 이를 위해 정치가들만 투신할 것이 아니라, 사회에서 책임을 지닌 모든 이, 결국엔 모든 사람들이 화해하기 위해 힘써야 합니다. 더불어 살아가는 것이 중요하기 때문입니다. 누구나 화해하는 데 도움이 될 수 있습니다. 다른 문화권에서 온 사람들을 다정하고 공정하게 대하면서, 말로 사회를 분열시키는 대신 화해의 말을 건네면서 말입니다.

자연과 화해하기

기후 변화는 인간과 자연이 화해하고 조화롭게 공존해야 한다는 점을 극명히 보여 줍니다. 지난 세기에 자본주의는 자연을 무자비하게 착취했습니다. 공산주의 역시 마찬가지였습니다. 자연은 단순히 자원의 공급처에 불과했습니다. 경제는 결국 자연을 정복해야 할 대상으로 보았습니다. 그러나 우리는 이러한 접근이 잘못되었음을 깨닫고 있습니다. 자연을 적으로 여기면 자연은 그냥 넘어가지 않고 반격을 가합니다. 우리에게 폭염, 가뭄, 홍수, 토네이도를 보냅니다.

몇몇 그리스도인은 산업화 시대부터 "땅을 가득 채우고 지배하여라. 그리고 바다의 물고기와 하늘의 새와 땅을 기어다니는 온갖 생물을 다스려라."(창세 1,28)라는 성경 말씀을 문자 그대로 해석하여, 지배의 의미로 받아들였습니다. 그들은 하느님께서 인간에게 주신 사명, 곧 "주 하느님께서는 사람을 데려다 에덴동산에 두시어, 그곳을 일구고 돌보게 하셨다."(창세 2,15)라는 말씀을 등한시했습니다. 그렇지만 이 구절들은 관련이 있기 때문에 연결해서 이해해야 합니다. "땅을 가득 채우고 지배하여라."라는 성경 말씀은 자연을 착취하라는 뜻이 아니라 오히려 인간이 땅을 가꾸어야 한다는 의미가 담겨 있습니다. 땅을 품고 가꾸어라, 즉 주의 깊고 신중하게 대하라는 뜻입니다. 말하자면 하느님의 창조 사업을 계승하는 것이지요.

고대 켈트족의 영성과 아메리칸 인디언의 영성은 우리에게 영성과 자연이 깊이 결속하는 모습을 보여 주어 모범이 됩니다. 켈트족의 영성은 모든 식물과 동물, 그리고 인간 안에서 하느님의 영원하신 말씀을 인지해야 한다고 강조합니다. 또한 하느님께서는 우리를 구원하기 위해, 세상을 완성하기 위해 예수 그리스도를 보내셨습니다. 가톨릭 전통은 자연과 영성이 결속된 이 형태를 부인하지 않고 그리스도교 영성 안으로 받아들여 새로운 의미를 부여했습니다.

요나서에는 인간과 자연, 인간과 동물의 결속이 잘 표현되어 있습니다. 벌레 하나가 아주까리를 쏠아 시들어 버렸기에 더 이상 뜨거운 해를 가려 주지 못했습니다. 그러자 요나가 불평을 늘어놓았지요. 하느님께서 요나를 꾸짖으셨습니다. "너는 네가 수고하지도 않고 키우지도 않았으며, 하룻밤 사이에 자랐다가 하룻밤 사이에 죽어 버린 이 아주까리를 그토록 동정하는구나! 그런데 하물며 오른쪽과 왼쪽을 가릴 줄도 모르는 사람이 십이만 명이나 있고, 또 수많은 짐승이 있는 이 커다란 성읍 니네베를 내가 어찌 동정하지 않을 수 있겠느냐?"(요나 4,10-11) 하느님께서는 길 잃은 사람들과 고통받는 동물까지 가엾이 여기십니다.

자연이 고통받는다는 생각은 '로마 신자들에게 보낸 서간'에도 표현되어 있습니다. "피조물도 멸망의 종살이에서 해방되어, 하느님의 자녀들이 누리는 영광의 자유를 얻을 것입니다. 우리는 모든 피조물이 지금까지 다 함께 탄식하며 진통을 겪고 있음을 알고 있습니다."(로마 8,21-22) 인간이 자연을 착취하는 잘못된 태도로 죄를 저지르고 있기 때문에 자연은 고통받습니다. 인간이 탐욕의 굴레에서 벗어나 회개하면, 자연은 해방되어 자기 자신에게로, 자신의 고유한 영역으로, 자신의 고유한 모습으로 돌아가게 될 것입니다.

그럼 자연과 화해하려면 어떻게 해야 할까요? 가장 먼저 할 일은 인간이 자신을 자연의 일부로 이해하는 것, 우주 전체가 그렇듯이 우리도 별의 티끌로 이루어졌음을 지각하는 것입니다. 바오로는 아레오파고스에서 이렇게 말했습니다. "그분께서는 또한 사람에게서 온 인류를 만드시어⋯⋯."(사도 17,26) 이 구절은 하느님께서 단 한 사람에게서 온 인류를 만드셨다고 번역되어 있습니다. 그렇지만 루카가 사도행전에서 말하고자 하는 것은 단성(무성) 생식이 아닙니다. 모든 사람이 아담에게서 비롯되었다고 하려는 것이 아닙니다. 오히려 루카는 만물의 일치에 관해 이야기하는 그리스 철학을 끌어옵니다. 헤라클레이토스와 파르메니데스 시대부터 '하나to hen'를 강조하는 이론이 있있습니다. 만물의 근원은 단 '하나'라고 주장하는 '일자론一者論'이지요. 이 그리스 철학을 통해 루카는 인간과 자연, 땅, 식물, 동물이 모두 가까운 관계임을 말하고자 하는 것입니다.

인간이 흙에서 왔음을 받아들이는 사람은 겸손합니다. '겸손humilitas'이라는 단어는 '흙, 땅, 대지'를 의미하는 '후무스humus'에서 유래했습니다. 그러니 겸손은 가장 아래에서 모든 것을 품어 주는 땅과 같지요. 겸손하려면 지성을 내세우며 땅 위에 군림하려 해서는 안 됩니다. 우리는 대지의 일부라는 것, 식물, 동물, 생기 잃은 자연과의 화해를 겸손하게 받아들여야 합니다. 이와 관련한 아메리칸 인디언의 영성이 있습니다.

"대지는 살아 있고, 마치 어머니와 같다. 대지가 없다면 인간도 존재하지 않을 것이기 때문이다. 인간은 대지의 자녀고, 동물도 마찬가지다. 대지는 모든 생명체에 주목하고, 그들에게 먹을 것을 준다. 돌은 대지의 뼈고, 물은 대지의 젖이다. …… 동물도 인간과 같다. 동물도 인간과 똑같이 피가 흐른다. 그러므로 동물은 인간과 가까운 관계다."[17]

오늘날 우리는 단순히 자연과 조화롭게 공존하라는 호소가 영향력이 없다는 것을 인식합니다. 자연과 화해하려면 영적 토대가 필요합니다. 초기 수도자들은 자연의 신비를 많이 이야기했습니다. 우리는 자연에서 하느님의 손길을 느껴야 합니다. 특히 교부들은 자연의 아름다움에 스며들어 있는 하느님의 아름다움을 강조했습니다. 독일어로 '아름다운schön'이라는 말은 '바라보다schauen'와 '돌보다schonen'에서 나왔습니다. 우리는 아름다운 자연을 바라보며 이 자연을 돌보시는 하느님을 가장 아름답다고 생각하고 피조물을 소중히 대하고 조화롭게 공존합니다.

논리적이고 분석적인 사고는 우리를 자연과 멀어지게 합니다. 이성은 모든 것을 통제하고 지배하려 합니다. 하지만 우리는 우주 만물과 하나임을 의식해야 하며, 자연과 주의 깊게 조화를 이루려는 겸손함이 필요합니다.

자연과의 화해는 우리와 후손들이 이 지구에서 행복하게 살기 위해 필요한 조건입니다.

하느님과 화해하기

다른 사람과 화해하기 전에 해야 할 것이 있습니다. 하느님과 화해하는 것입니다. 이 말이 어떤 이들에게는 낯설게 들리겠지요. '대체 하느님과 화해하는 것이 사람과 화해하는 것과 무슨 연관이 있다는 거지? 하느님과 화해를 해야만 자기 자신과, 다른 사람들과 화해할 수 있다는 건가?'라고 생각할 수 있지요.

저는 하느님과의 화해와 다른 사람들과의 화해의 관계를 살펴보려 합니다. 예수님께서는 가장 큰 계명이 무엇이냐는 질문을 받으시고 하느님 사랑과 이웃 사랑이 똑같이 가장 크고 첫째가는 계명이라고 답하십니다. "네 마음을 다하고 네 목숨을 다하고 네 정신을 다하여 주 너의 하느님을 사랑해야 한다. 이것이 가장 크고 첫째가는 계명이다. 둘째도 이와 같다. '네 이웃을 너 자신처럼 사랑해야 한다.'는 것이다."(마태 22,37-39) 많은 사람이 자문합니다. "보이지 않는 하느님을 어떻게 사랑할 수 있을까?" 하느님을 매일 보는 친구를 사랑하듯 사랑할 수는 없겠지요. 요한은 자신이 쓴 서간에서 이렇게 말합니다. "하느님은 사랑이십니다. 사랑 안에 머무르는 사람은 하느님 안에 머무르고 하느님께서도 그 사람 안에 머무르십니다."(1요한 4,16) 자신의 내면을 잘 들여다보면, 깊은 곳에서 사랑을 발견할 수 있습니다. 사랑 그 자체이신 하느님께서는 우리에게 끊임없이 사랑의 물을 주시는 샘이십니다. 사랑이라는 이 원천(샘)과 만나야 다른 사람들과 자신을 사랑할 수 있습니다.

우리는 하느님과 화해하는 모습을 그려 볼 수 있습니다. 하느님께서는 우리 존재의 근원이시지만 우리는 종종 이 근원에서 멀리 떨어진 채 살아갑니다. 피상적인 삶을 살고, 자기 자신과 깊이 교류하지 않게 됩니다. 따라서 하느님과의 화해는 우리 존재의 가장 내적인 근원과 연결되는 것을 의미합니다. 이와 같은 관점으로 '코린토 신자들에게 보낸 둘째 서간'에 있는 구절을 이해할 수 있습니다. "우리는 그리스도를 대신하여 여러분에게 빕니다. 하느님과 화해하십시오."(2코린 5,20)

많은 사람이 화해와 관련해서는 하느님께서 자신들의 말을 들어야 한다고 생각합니다. 하느님께서 인간과 화해하기 위해 먼저 손을 내밀어야 한다고 하지요. 예수님께서 우리의 죗값을 치르신 것은 하느님께서 우리와 화해할 준비를 하시는 것이라고 믿습니다. 그러나 이는 성경 말씀을 잘못 해석한 것입니다. 성경은 여러 이야기를 통해 사람들이 하느님에게서 멀어졌음을 전합니다. 하느님께서는 인간을 사랑하시고 언제나 가까이 계신다는 것을 알려 주고자 하십니다. 그럼에도 인간은 죄의 세력으로 인해 자신의 중심에서 벗어나 잘못된 생각을 하며 하느님께 마음의 문을 닫고 말았습니다. 인간은 죄를 지었음에도 하느님께서 말씀하시는 것을 신뢰하지 못합니다. 그래서 멀리 달아나지요. 죄를 지은 아담과 하와는 하느님 앞에서 숨었습니다. 자신을 있는 그대로 받아들일 수 없었기 때문입니다. 가인은 도망치기 위해 숨었습니다. 동생 아벨을 죽인 죄 때문에 끊임없이 달아날 수밖에 없었습니다.

하느님과 화해하는 것은 자기 자신을 견디기 위해, 자기 옆에 머무르기 위해, 자신과 화해하고 평화롭게 살기 위해 필요한 조건입니다. 인간 안에는 자신을 끊임없이 고소하고 죄를 질책하는 일종의 법정이 존재합니다. 인간은 죄책감에서 스스로 벗어날 수 없습니다. 그래서 인간에게는 이 내면의 법정에서 해방시켜 주시는 하느님이 필요합니다. 심리학에서는 이 법정을 '초자아'라고 부릅니다. 바오로는 오직 믿음으로 의롭게 되어 이 내면의 법정에서 벗어날 수 있다고 말합니다. 우리는 하느님께 조건 없이 받아들여졌습니다. 바오로가 한 그 말은 우리도 예수 그리스도의 십자가를 통해 발견할 수 있는 메시지입니다.

루카는 이 내면의 법정으로부터 자유로워질 수 있는 또 다른 방법을 제시합니다. 그는 십자가에 달리신 예수님께서 당신을 죽이려는 자들을 용서하시는 모습을 묘사합니다. "아버지, 저들을 용서해 주십시오. 저들은 자기들이 무슨 일을 하는지 모릅니다."(루카 23,34) 우리는 예수님의 이러한 모습을 바라보며 하느님께서는 용서하지 못할 것이 없다는 믿음을 가질 수 있습니다. 예수님을 바라보면 내면의 재판관은 힘을 잃게 됩니다. 루카는 당신을 죽이는 자들을 용서하시는 예수님의 모습을 고대 그리스 철학자 플라톤이 《국가론》에 기술한 의로운 사람의 모습과 연결합니다. 백인대장은 예수님 안에서 의로운 사람의 이상을 인식하고 "정녕 이 사람은 의로운 분이셨다."(루카 23,47)라고 고백합니다. 당신을 죽이는 자들을 몰아내지 않으신 예수님을 바라보면서 우리는 의롭게 될 수 있고, 하느님께로 향할 수 있습니다. 또한 사람들에게 마음을 열고 그들과 올바르게 만날 방법을 찾을 수 있습니다.

자신에게 책임을 묻는 사람은 남에게도 책임을 전가할 위험을 안고 있습니다. 루카에게 십자가는 자책하는 마음에서 벗어나고 자신과 화해하기 위한 도움을 주는 수단입니다. 십자가는 우리가 다른 사람들에게 책임을 전가하지 않기 위해 필요한 조건이기도 합니다. 우리는 다른 사람들을 있는 그대로 받아들일 수 있습니다. 그들 역시 하느님께 조건 없이 받아들여졌으니까요. 그러므로 우리를 조건 없이 사랑하시는 하느님에 대한 믿음은 자기 자신, 그리고 다른 사람들과 화해할 수 있도록 합니다.

'콜로새 신자들에게 보낸 서간'에는 하느님과 화해하기 위한 또 다른 방법이 제시되어 있습니다. 이 서간은 하느님께서는 기꺼이 당신의 아드님 예수 그리스도 안에 온갖 충만함이 머무르게 하셨다고 전합니다. "그분 십자가의 피를 통하여 평화를 이룩하시어 땅에 있는 것이든 하늘에 있는 것이든 그분을 통하여 그분을 향하여 만물을 기꺼이 화해시키셨습니다."(콜로 1,20) 하느님과의 화해는 하느님께서 인간인 예수 그리스도 안에서 충만하게 존재하신다는 것, 그리고 우리도 당신의 신적 생명으로 가득 차게 해 주신다는 의미입니다. 이제 우리는 하느님과 분리되지 않고 하나가 됩니다. 하느님께서 우리 안에 머무르십니다. 그리스도께서는 이 화해의 상징이며 십자가에서 그 의미가 더욱 선명해집니다. 십자가에서 당신의 피로 평화를 이루셨습니다.

'콜로새 신자들에게 보낸 서간'의 내용을 어떻게 이해해야 할까요? 인간을 잔혹하게 십자가에 매달아 죽이는 것은 하느님과 멀어지는 행위입니다. 하지만 예수님께서 십자가에서 돌아가심으로써 멀어졌던 하느님과의 거리가 사랑으로 가득 차게 됩니다. 예수님께서 흘리신 피는 세상의 모든 증오를 물리치는 사랑의 상징입니다. 하느님의 충만하심이 십자가에 달리신 예수님 안에 머무른다면, 하느님의 사랑으로 채워지지 않을 인간 삶의 영역은 없습니다. 예수님께서는 하늘과 땅 사이에 계셨으며 하느님께서는 하늘과 땅에 있는 모든 것을 예수님께 향하도록 하셨습니다. 십자가에서 하늘과 땅, 지상적인 것과 천상적인 것, 세속적인 것과 영적인 것이 서로 화해하게 되었습니다.

신학자 에두아르트 로제Eduard Lohse는 하느님과 화해하는 것이 인간과 화해하는 것을 초월한다고 말합니다. 그는 이 화해를 이렇게 해석합니다. "그리스도의 부활과 승천을 통해 하늘과 땅이 하느님의 창조 질서로 되돌아가면서 만물이 화해하게 되었다."[18] 인간뿐만 아니라 전 우주, 하늘과 땅이 하느님과 화해하게 된 것입니다. 이는 우리 안에서도 이루어지는 화해의 상징입니다. 십자가 덕분에 우리 안에서도 지상적인 것과 천상적인 것이 서로 화해하게 되었습니다. 이제 우리는 더 이상 분열되지 않고 그 어떤 세력의 지배도 받지 않습니다. 하느님의 충만함이 우리 안에 머무르면서 모든 것이 하나가 됩니다. 십자가를 통해 하느님과 하나가 되고, 하느님을 통해 우리 자신과, 피조물과도 하나가 됩니다.

3장

화해의
모범

야곱과 에사우

성경에는 화해에 관한 이야기가 많습니다. 이를 묵상하다 보면 그들을 본받아 오늘날에도 화해할 수 있다는 희망이 생깁니다. 오래된 이야기는 과거에 있던 일만 전해 주는 것이 아닙니다. 오히려 지금, 화해가 어떻게 이루어져야 하는지 하나의 상像을 보여 주는 모범이 됩니다.

유명한 야곱과 에사우의 화해 이야기를 살펴보겠습니다. 두 형제의 성격은 진히 달랐습니다. 사냥꾼인 형 에사우는 우직힌 성격이었고 동생 야곱은 차분하면서도 영리했습니다. 야곱은 계략을 써서 형의 맏아들 권리를 자신에게 팔게 하고, 이어서 맏아들만 받는 복도 가로챕니다. 이 사실을 알게 된 에사우는 야곱에게 앙심을 품고 그를 죽이려 합니다. 야곱은 두려움에 휩싸여 형을 피해 먼 곳에 있는 외삼촌 라반의 집으로 도망갑니다. 그리고 라반의 작은딸, 라헬을 아내로 맞이하기 위해 그 집에서 7년을 일합니다. 그런데 라반은 야곱을 속여 혼인식 날 큰딸 레아를 야곱에게 데려다주어 한자리에 들게 합니다. 야곱은 불만을 품었지만, 라헬을 얻기 위해 다시 7년을 더 일합니다. 그러고 나서 품값을 열 번이나 바꿔 친 라반에게 현명하게 대처하여 부자가 됩니다. 야곱은 가족과 종들, 자기 가축을 데리고 고향으로 향합니다. 그러나 형이 자기를 만나러 온다는 소식을 듣고 걱정이 커집니다. 에사우가 장정 400명을 거느리고 온다는 말에 야곱은 형이 자신을 공격할 것이라고 생각합니다. 이런 상황에서 그는 두 아내와 두 여종, 자식들을 데리고 밤에 야뽁 건널목을 건넙니다. 그들을 이끌어 내를 건네 보내고 나서, 자신에게 딸린 모든 것도 건네 보냅니다. 이제 그는 혼자 남아 있습니다. 그때, 어떤 사람이 나타나 그와 씨름을 합니다. 그 사람이 하느님의 천사인지, 하느님 자신인지, 아니면 적인지는 알 수 없습니다. 야곱은 그렇게 싸우면서 자기에게 축복해 주지 않으면 놓아주지 않겠다고 합니다(창세 32,27 참조). 결국 하느님께서는 야곱에게 복을 내려 주시고, 이스라엘이라는 이름을 주십니다. 그가 하느님과 싸웠기 때문입니다.

    이 기이한 이야기는 야곱이 자신의 어두움과 마주한 것이라고 할 수 있습니다. 그는 더 이상 자신의 어두운 면을 피하지 않습니다. 에사우는 야곱의 어두운 면을 대변합니다. 야곱은 자신의 어두운 면을 마주하고 그것과 화해합니다. 이제 형 에사우와도 화해할 수 있습니다. 야곱은 형에게 다가갈 때까지 일곱 번 땅에 엎드려 절합니다. "그러자 에사우가 야곱에게 달려와서 그를 껴안았다. 에사우는 야곱의 목을 끌어안고 입 맞추었다. 그들은 함께 울었다."(창세 33,4)

    이 이야기는 두 가지 질문에 답을 줍니다. 첫째는 어떻게 화해할 수 있는가 하는 것이고, 둘째는 화해가 무엇을 가져다주는가 하는 것입니다. 첫 번째 질문에 이 이야기는 이렇게 답합니다. 원수와 화해하려면 먼저 자신 안에서 그와 화해해야 한다고 말입니다. 나에게 원수는 그 사람 안에서 내가 가진 어두움을 인식할 수 있는 거울입니다. 따라서 먼저 해야 할 일은 자신의 어두운 면과 화해하는 것입니다. 이는 이후에 원수와 화해하기 위한 조건이 됩니다.

    두 번째, 화해가 무엇을 가져다주는가, 하는 물음에는 다음과 같이 답합니다. 야곱은 장정 400명을 거느린 형 에사우가 자신을 만나러 오는 상황에서 적대적 의도를 품고 맞설 수 없음을 인식했습니다. 또한 형을 피해 달아난다면 결코 평화롭게 살 수 없다는 것도 깨닫습니다. 그의 삶은 앙심을 품은 형 때문에 늘 위태로울 것입니다. 따라서 야곱이 내적으로 화해를 준비하는 것은 합리적인 선택이기도 했습니다. 화해를 준비하는 과정은 자신의 어두운 면과 대면하고, 형 앞에서 일곱 번 땅에 엎드려 절하고 형과 다정하게 만나는 것입니다. 야곱은 형에게 자신의 무력함을 드러내며 형을 소중히 여기고 있었다는 것을 보여 줍니다. 또한 형을 이기려 했던 과거의 태도는 버렸다는 것을 겸손하게 고백합니다. 이는 그가 자신의 잘못을 인정한다는 것을 의미하기도 합니다. 야곱이 형에게 계략을 쓰는 대신 형을 피하지 않고 자신을 낮추었기에 화해가 가능해졌습니다. 야곱은 이러한 태도를 취했다고 비굴해지지 않았고, 형과 의좋게 앞으로 평화롭고 행복하게 살려면 화해가 유일한 길임을 깨달았습니다.

요셉과 형제들

두 번째 화해 이야기는 요셉과 형제들의 이야기입니다(창세 37-50 참조). 야곱은 요셉을 가장 사랑했습니다. 그래서 형제들은 요셉에게 질투를 느낍니다. 어느 날, 야곱은 요셉에게 먹을 것이 가득 담긴 바구니를 들려 스켐 근처에서 양 떼를 돌보는 형들에게 보냅니다. 요셉이 보이자 형들은 그를 죽이기로 결정합니다. 르우벤만이 요셉을 살리려 했습니다. 결국 그들은 요셉을 죽이지 않고, 물이 없는 빈 구덩이에 던졌습니다. 때마침 미디안 상인들이 그곳을 지나다가 요셉을 구덩이에서 끌어내 형들에게 은전 스무 닢을 주고 삽니다. 상인들은 요셉을 이집트로 데려가 종으로 팔았습니다. 그렇지만 하느님의 섭리로 요셉은 경호대장의 마음에 들어 관리인이 됩니다. 그 후 감옥에서도 신뢰를 얻어 함께 갇힌 사람들의 꿈을 풀이하게 됩니다. 그러던 중 파라오가 두 가지 꿈을 꾸었는데, 이집트의 모든 요술사와 모든 현인도 풀이할 수 없어 고민하자, 함께 감옥에 갇혔던 대신이 요셉을 감옥에서 데려오게 했습니다. 요셉은 파라오가 꾼 꿈들을 풀이해 주고 재상으로 임명되어 이집트를 다스리게 됩니다.

    대풍이 든 일곱 해 동안 요셉은 모든 양식을 거두어 성읍들에 저상했고, 기근이 들었을 때 사람들에게 충분히 양식을 나눠 줄 수 있게 되었습니다. 한편, 가나안에 있는 야곱과 그의 아들들은 기근에 시달려 먹을 것이 없게 되었습니다. 야곱은 아들들을 이집트로 보내 곡식을 사 오게 합니다. 요셉은 이집트에서 형들을 바로 알아보았지만 모르는 척 대합니다. 그리고 나서 밀을 가득 채운 포대를 주고 다음번에는 막내 벤야민을 데려오라고 요구합니다. 요셉은 친동생 벤야민을 아직 보지 못했습니다. 형들은 요셉 앞에서 이전에 자신들이 '아우'(요셉)에게 저질렀던 잘못을 이야기하며 반성합니다. 요셉은 그들의 말을 알아듣지 못하는 척, 이집트어만 할 수 있는 듯 행동합니다.

그들이 가나안에 갔다가 돌아오자, 요셉은 마침내 자신의 정체를 밝힙니다. 형들은 요셉을 알아보고 몹시 당황했지만, 요셉이 그들을 안심시키며 말합니다. "내가 형님들의 아우 요셉입니다. 형님들이 이집트로 팔아넘긴 그 아우입니다. 그러나 이제는 저를 이곳으로 팔아넘겼다고 해서 괴로워하지도, 자신에게 화를 내지도 마십시오. 우리 목숨을 살리시려고 하느님께서는 나를 여러분보다 앞서 보내신 것입니다."(창세 45,4-5)

형들은 요셉에게 엄청나게 부당한 짓을 저질렀습니다. 그들은 요셉을 죽이려 했다가, 종으로 팔아넘겼습니다. 그렇지만 배고픔을 겪자 다시 요셉에게 가게 됩니다. 형들은 요셉이 낸 몇 가지 시험을 치른 뒤에 화해합니다. 이 이야기는 누군가에게 큰 고통을 가했을지라도 화해가 이루어지면 관계가 바뀔 수 있다는 희망을 줍니다.

이 이야기 역시 두 가지 질문에 답을 줍니다. 어떻게 화해할 수 있는가, 또 화해가 무엇을 가져다주는가 하는 것입니다. 잘못을 저지른 사람이 무엇을 잘못했는지 깨닫고 뉘우쳐야만 화해가 이루어질 수 있습니다. 자신이 다른 사람들에게 저지른 잘못과 마주해야 합니다.

화해가 무엇을 가져다주는가, 하는 물음에 이 이야기는 다음과 같이 대답합니다. 형들이 동생을 팔아넘겼다고 끊임없이 양심의 가책을 받으며 사는 것은 이롭지 않다는 것입니다. 상처 입힌 동생 앞에서 잘못을 고백해야 마음이 깨끗한 상태에 이를 수 있습니다.

요셉이 형들을 융숭하게 대접하면서 화해 의식이 거행됩니다. 그러고 나서 요셉은 아버지 야곱과 다른 자손들을 이집트로, 그들의 고향보다 더 윤택하게 살 이 땅으로 오게 합니다. 화해가 이루어지면 우리 삶에 새로운 길이 열리고, 새로운 그 무엇이 피어날 수 있습니다.

안티오키아 공동체

세 번째 화해 이야기는 사도행전에서 찾을 수 있습니다. 믿음을 갖게 된 이방인들이 할례를 받고 유다교 율법을 모두 준수해야 하는가 하는 문제를 놓고 안티오키아 공동체에서 격론이 벌어졌습니다. 바오로와 바르나바는 예루살렘으로 가서 하느님께서 이방인들에게 하신 일을 사도들에게 보고합니다. 그런데 바리사이파에 속했다가 믿게 된 사람 몇이 나서서 말했습니다. "그들에게 할례를 베풀고 또 모세의 율법을 지키라고 명령해야 합니다."(사도 15,5) 이어서 사도들은 모여서 이 문제를 다룹니다(사도 회의). 먼저 베드로가 일어나 성령께서 자신을 통하여 이방인에게 어떻게 작용하셨는지 말합니다. 이어서 엄격한 유다인 출신인 야고보가 일어나 두 예언자 아모스와 예레미야의 말을 인용해 하느님께서는 이방인들에게도 구원의 길을 열어 놓으셨다고 합니다.

이방인 출신 그리스도인이 지켜야 하는 세 가지 규정에 사도들의 견해가 일치합니다. 그들은 각 공동체에 편지를 보내어 사도 회의 결과를 통보합니다. 안티오키아 공동체 사람들은 이 편지를 읽고 큰 격려에 기뻐합니다.

사도행전에서는 각각 하느님께 부르심받았으니 자신들이 옳다고 주장하여 일어난 갈등에 대처하고 화해하는 두 집단을 우리에게 보여 줍니다. 생각이 다른 대표자들이 각자의 견해를 제시하고 주요 사안과 관심사를 이야기한 다음에 모두가 받아들일 수 있는 해결책을 찾는 가운데 화해가 이루어집니다. 이런 방식으로 교회 안에서는 유다인 출신 그리스도인과 이방인 출신 그리스도인이 평화롭게 살아갈 수 있습니다. 교회가 전 세계로 향하려면 화해가 이루어져야 하지요. 물론 공적으로 이루어진 화해가 지속되지는 않았습니다. 유다인 출신 그리스도인과 이방인 출신 그리스도인 사이에는 갈등이 계속되었습니다. 이에 관해 사도행전과 바오로 서간들에서 찾아볼 수 있습니다.

사울과 다윗 — 화해하지 못한 관계

성경은 화해에 실패한 이야기들도 우리에게 전합니다. 그중 사울과 다윗 이야기가 대표적입니다. 사울은 다윗을 시기합니다. 다윗이 골리앗과 싸워 이긴 후 백성이 그를 축하하며 칭송했기 때문입니다. 그렇게 백성에게서 칭송과 사랑을 받을수록, 다윗을 향한 사울의 증오는 더욱 커져 갔습니다. 성경은 이를 가리켜 악령이라 표현하는데, 이 악령이 사울에게 들이닥친 것입니다(1사무 18,10 이하 참조). 사울은 우울증에 걸렸습니다. 그럴 때마다 사울을 진정시키기 위해 다윗은 비파를 연주합니다. 사울에게는 우울증을 완화시켜 주는 다윗이 필요했지만, 다윗을 죽이고 싶은 마음도 있었습니다. 그는 두 번이나 다윗에게 창을 던졌지만, 다윗은 피했습니다. 나중에 사울은 계략을 꾸며 다윗을 없애려 하지만, 이조차 실패합니다. 결국엔 다윗을 추격해 죽이려 합니다. 다윗에게는 사울을 죽일 기회가 두 번이나 있었지만, 그렇게 하지 않고 화해하려 합니다. 하지만 사울은 다윗에게 품은 증오를 떨쳐 내지 못합니다. 자기를 살려 준 다윗에게 "네가 나보다 의로운 사람이다. 내가 너를 나쁘게 대하였는데도, 너는 나를 좋게 대하였으니 말이다."(1사무 24,18)라고 고백하면서도 말입니다. 다윗을 향한 사울의 시기와 질투는 다윗과 화해할 수 없게 만듭니다. 결국 사울은 필리스티아인과의 전투에서 패합니다. 다윗은 죽은 사울과 화해하고 나서 그의 죽음을 애도하면서 애가를 지어 부릅니다(2사무 1,19 이하).

　다윗이 화해할 준비가 되었음에도 사울과 화해하는 데 실패한 이유는 사울이 그를 시기하고 질투하며 늘 우울함에 사로잡혀 있었기 때문입니다. 우리가 시기나 질투 같은 감정에 끌려다니면 화해는 불가능해집니다. 마음의 병은 다른 사람들과 이성적으로 소통하는 것을 방해하고 결국 화해할 수 없게 합니다. 이러한 예시는 오늘날 일부 정치인들에게서 쉽게 찾아볼 수 있습니다. 그들은 열등감에 시달리며 권력을 남용해 다른 사람들에게 굴욕을 주는 경우가 많습니다. 이러한 심리적인 문제는 사람들을 분열시키고, 나아가 국가와 민족 전체를 분열시키게 됩니다.

이 시대의 모범

화해를 바라는 마음은 역사적 경험을 통해 더욱 깊어집니다. 남아프리카에서 백인과 흑인이 화해한 것이 대표적입니다. 넬슨 만델라Nelson Mandela는 27년 동안 감옥에서 지냈음에도 자신을 괴롭히는 자들을 용서할 준비가 되어 있었기에, 화해가 가능했습니다. 그는 마찰 없이 넘어가도록 애쓰며, 늘 화해의 메시지를 전했습니다. 북아일랜드에서도 오래 갈등을 겪었던 가톨릭 신자들과 개신교 신자들도 서로 화해의 길을 모색하면서 행보에 나섰습니다.

1989년에 동독과 서독을 가로막은 베를린 장벽이 무력 없이 무너진 사건은 많은 사람들에게 기적처럼 여겨졌습니다. 당시에 개신교 목사인 크리스티안 퓌러Christian Führer는 니콜라이 교회에서 매주 월요일마다 신도들과 평화의 기도를 드리고 평화 시위를 하도록 이끌었습니다. 이러한 촛불 시위는 무기나 무력 없이 진행되었습니다. 베를린 장벽이 무너지는 중요한 계기가 되었지요. 독일의 통일은 실제 화해하는 데는 오랜 시간이 걸리고 간단한 일이 아니라는 사실을 여실히 보여 줍니다. 오래된 선입견은 동독에 살던 사람들과 서독에 살던 사람들이 서로 이해하고 받아들이는 데 늘 장애물이 되었습니다. 구동독 지역에서는 AfD*가 압도적인 지지를 받았는데, 이러한 현상은 이 지역 사람들이 자신들의 목소리가 무시되고, 진지하게 받아들여지지 않는다고 느끼는 것을 반영합니다. 진심으로 화해가 이루어지고, 오래된 선입견과 원한이 사람들 사이에서 사라지기까지는 긴 시간이 필요합니다.

역사는 때때로 화해의 기회를 놓친다는 것을 우리에게 보여 줍니다. 이집트 대통령 안와르 사다트Anwar es-Sadat와 이스라엘 수상 메나헴 베긴Menachem Begin이 평화 조약을 체결했습니다. 이 조약은 오랫동안 적대 관계였던 이스라엘인과 아랍인이 화해하고 평화롭게 살 수 있다는 희망을 온 세상에 퍼트렸습니다. 그렇지만 사다트는 결국 자국의 급진주의자들에게 살해당했습니다. 이 사건으로 화해할 수 있었던 결정적 순간을 놓치게 되었고,

---

* 독일을 위한 대안당(독일 대안당)으로 2013년에 창당되었으며, 대체로 극우 성향을 띠고 있다.

희망은 묻히고 말았습니다. 이스라엘과 아랍의 지속되는 갈등은 세계에 긴장감을 드리우고 있습니다.

최근 몇십 년 동안 많은 국가에서 국수주의적 성향이 강화되고 있습니다. 독재 정권은 이러한 지향을 부추기고, 화해는 점점 멀어집니다. 러시아와 우크라이나, 러시아와 유럽, 튀르키예와 유럽 연합이 화해하지 못하는 상황도 이와 무관하지 않습니다. 그럼에도 이러한 갈등은 해소되리라는 희망이 필요합니다. 우리는 우크라이나에서 일어난 전쟁을 보면서 전 세계가 얼마나 고통받고 있는지 실감합니다. 식품 가격이 상승해 가난한 나라들은 점점 더 기아에 시달리고 연료비가 상승해 유럽에서는 생계비 증가로 이어져 많은 이들을 가난으로 내몰고 경제 성장을 저해하고 있습니다.

우리는 넬슨 만델라나 간디, 사다트나 베긴 같은 인물들이 오래 품어 왔던 적대감을 넘어 화해의 길로 나아가던 용기를 갈망합니다. 이러한 도전은 정치인들에게만 요구되는 것이 아닙니다. 사회의 책임자들, 그리고 모든 시민에게도 요구되는 것입니다. 시민들은 화해의 길을 갈 준비가 된 정치인들을 뽑아야 하기 때문입니다.

4장

화해의
열매

화해는 단순히 어떠한 목적이 아니라 그 자체로 소중한 가치입니다. 우리가 화해를 받아들인다면 그것이 우리와 사회에 어떤 의미를 지니는지, 그리고 화해가 가져다주는 열매가 무엇인지 질문해 볼 필요가 있습니다. "내가 누군가와 화해하면, 나는 내적으로 성장한 것인가? 영적으로 성장한 것인가? 변화된 것인가?" 이러한 질문을 통해 우리는 경험 속에서 자라는 열매에 관해 이야기할 수 있습니다. 열매가 주렁주렁 달린 모습은 우리가 화해를 윤리적으로 강요받지 않도록 막아 줍니다. 오히려 열매는 우리가 화해를 추구하도록 초대합니다. 우리는 화해가 우리뿐만 아니라 모든 이에게 이롭고 복을 가져다준다는 것을 깨닫게 됩니다.

독일 시인 페터 후헬Peter Huchel의 〈화해〉라는 시에서는 화해를 하면 어떤 효과가 있는지 감명 깊게 묘사하고 있습니다.

다시 건강해져서 우리 자신에게 이르렀지만,
골목 사람들은 울부짖고 고통스러워했네.
그때 우리는 알아차렸네.
잘 차려입은 우리를, 가난한 이들이 얼마나 경계했는지.

형제들은 자신을 잃었다고 느꼈네.
그러나 우리의 몸짓에서, 내면 깊은 곳에서
화해의 빛이 흘러나오자, 그들은 울었네.
그리고 환희에 차서 땅에 무릎을 꿇었네!

단지 부끄러워서 침묵한 사람들에게
우리는 빛을 비추어 주었네.
그때 하느님께서 외치시며 허리를 굽히셨네.
그분은 모든 이에게 무릎을 꿇는 모습을 보이셨네!

우리는 형제가 되었고 더 이상 외롭지 않았네.

> 다시 자신을 깊이 발견하고 무너뜨리게 되었네.
> 화해를 이룬 해안에서 우리는 함께 수영했고,
> 숲은 울창해졌으며, 숲속의 동물들도 이야기를 나누었네.[19]

후헬은 가난한 이들과 부유한 이들의 거리를 강조하며 시를 쓰기 시작합니다. 그렇지만 가난한 이들을 형제라고 부릅니다. 그들은 이 세상에서 자신을 잃었다고 느끼고, 세상의 빛이 그들 곁을 지나친다고 느낍니다. 그렇지만 부유한 이들이 내미는 화해의 몸짓을 알아차립니다. 예상치 못한 순간에 그들은 울면서 무릎을 꿇습니다. 하느님께서도 몸소 무릎을 꿇으셨습니다. 가난한 이들과 부유한 이들 사이에 화해의 기적이 일어났기 때문입니다. 이제 모두 한 형제가 되었고, 누구도 혼자라고 느끼지 않습니다. 그들은 화해가 이루어진 해안에서 함께 수영합니다. 그들을 둘러싼 자연도 변화되었습니다. 사람들이 서로 화해했으니 숲은 울창해지고, 숲속의 동물들도 이야기를 나눕니다. 이제 인간과 자연, 인간과 동물, 인간과 식물 사이에 화해가 이루어졌습니다. 그리고 모든 존재가, 인간과 숲, 동물들이 함께 피어납니다. 이것이 화해의 열매입니다. 인간만 피어나는 게 아니라, 주변의 자연도 피어납니다. 우리는 모두 이러한 화해를 갈망합니다.

후헬 같은 시인들은 그러한 화해의 이상향理想鄉을 묘사할 용기가 있습니다. 이상향이 우리를 화해로 이끌기를 바라면서 말입니다.

시인들은 화해의 열매를 비유적으로 묘사합니다. 저는 화해의 가치를 이야기하려 합니다. 고대 로마인들이 말했듯이, 가치virtutes는 우리 자신과 다른 사람들을 위해 새로운 힘을 길어낼 수 있는 원천입니다. 그리스어 '아레테ἀρετή'가 의미하듯, 가치는 인간에게 바람직하고 행복한 삶을 살 수 있게 합니다. 우리가 알고 있듯이, 가치는 삶을 값지게 만듭니다. 말하자면, 가치는 화해로부터 자라는 열매라고 할 수 있습니다. 화해의 열매는 개개인을, 인간관계를, 공동체와 민족들을 변화시킵니다.

평화

화해가 이루어지는 곳에서는 평화가 싹틉니다. 평화는 단순히 휴전 이상의 의미를 가집니다. '평화'에 해당하는 그리스어 '에이레네εἰρήνη'는 음악에서 유래했습니다. 이는 다양한 음이 동시에 울린다는 뜻으로, 소리가 큰 음과 작은 음, 높은음과 낮은음이 함께 조화를 이루는 것을 의미합니다. 각 음은 자신의 권리를 지니고 있으며 어떤 압박도 받지 않습니다. 그러나 하모니를 이루기 위해서는 이 음들이 조화를 이루어 화음을 만들어야 합니다. 독일어로 '평화Frieden'는 자유, 우정과 깊은 관련이 있습니다. 우리가 자신을 친구로 여기고 낯선 이들과도 친구가 되어야 진정한 평화가 생겨납니다. '평화'를 뜻하는 라틴어 '팍스pax'는 심판과 대화에 적용되는 단어입니다. 서로 이야기하고 들을 준비가 되어 있을 때 비로소 평화가 자생적으로 싹트고, 진정한 대화를 나눌 수 있습니다.

강요된 평화는 진정한 평화가 아닙니다. '평화의 황제'로 일컬어지는 아우구스투스 황제가 말하는 군사적 평화는 참된 평화가 아닙니다. 루카 복음사가는 아우구스투스가 무력으로 관철한 평화에 맞서, 예수님의 탄생으로 지상에 생겨난 평화를 기록했습니다. 이 평화는 하느님에게서 오며 우리 인간에게 선사된 것입니다. 우리가 아기 예수님의 사랑에 빠질 때 말입니다. 이 평화는 힘없는 아기의 사랑에서 흘러나오며 온 세상, 자연, 인간이 하느님의 강생을 통해 그분의 영으로 충만하게 될 때 실현됩니다. 하느님께서는 직접 이 평화를 창조하시며 만물과 우리 안에 있는 대립을 당신의 사랑으로 포용하십니다.

유럽은 제2차 세계 대전 후 75년간 평화를 누렸습니다. 그런

데 우크라이나에서 발생한 전쟁으로 이 평화가 깨지면서 큰 충격을 받았고, 미래에 대한 불확실성도 커졌습니다. 우리는 모두 위협을 느끼고 있습니다. 평화는 우리에게 유익한 분위기를 만들어 주지만, 불화는 늘 긴장감을 조성합니다. 이 긴장은 대개 우리를 소외시키고, 지속적으로 과도한 요구를 하도록 합니다. 그렇기에 우리는 민족들의 평화, 가정, 사회 안에서도 평화를 갈망하게 됩니다. 가족이 불화 속에 산다면, 이는 구성원 각자에게 큰 어려움을 줍니다. 불화는 그들의 에너지를 소모시키고 자신의 일과 삶에 온전히 집중하지 못하게 합니다. 많은 힘을 앗아 가며 부모와 형제자매들을 위축시킵니다. 그러나 가족이 화해하고 다시 평화롭게 살게 된다면 각 구성원 안에서 많은 것들이 피어날 수 있습니다. 그들은 기쁘게 자신의 삶에 다시 뛰어들게 됩니다.

자유

화해 분위기가 조성되면 사람들은 자유로움을 느낍니다. 화해하지 못한 사람들은 상대를 적으로 여기며 그들의 주위를 계속 맴돕니다. 이들은 자신에게 상처를 준 이들, 혹은 자신이 맞서 싸우는 이들에 의해 삶이 규정됩니다. 그들이 맞서 싸우는 이유는 상대를 적으로 인식하기 때문입니다. 반면 자유는 각 개인에게 심호흡을 하게 합니다. 화해는 이들이 과거의 짐을 벗어던질 수 있도록 하지요. 화해하지 못한 사람들은 자신이 겪은 부당한 일, 굴욕, 상처와 같은 과거의 짐을 계속 지고 살아갑니다. 화해는 우리를 과거로부터 해방시킵니다. 우리는 더 이상 반복의 영향력 아래 놓이지 않게 됩니다.

심리학자 지그문트 프로이트Sigmund Freud는 개인의 경험을 통해 '반복의 영향력'에 대해 이야기합니다. 어린 시절의 상처와 직면하지 않는 사람은 그 상처가 반복될 위험에 처할 수 있습니다. 예를 들어, 어린 시절 아버지에게 무시당한 여성은 비슷한 방식으로 자신을 무시하는 남성을 반복해서 만납니다. 그러면서 자신이 저주받았다고 여기지요. 프로이트의 심리학에 비추어 보면 이해할 수 있는 일입니다. 그 여성은 아버지에게서 받은 무시를 직면하고 그것과 화해해야만 자신과 맞지 않는 남자들을 계속 만나는 반복의 영향력에서 벗어날 수 있습니다.

반복의 영향력은 개인뿐만 아니라 사회에도 영향을 미칩니다. 과거와 화해하지 못한 사회는 과거의 행동 패턴을 반복합니다. 따라서 실제로 화해하기 위해서는 과거를 면밀하게 연구하고, 지난날의 패턴과 대면하는 것이 결정적입니다.

"지난날 전쟁, 위기, 참사가 일어난 원인은 무엇이었을까?"

과거를 잘 알지 못하면 반복하게 됩니다. 우리는 오늘날 이러한 현상을 체험하고 있지요. 과거를 진지하게 바라보려 하지 않는 사람들, 이전 세대가 다른 민족에게 저질렀던 불의에 마음 아파하지 않는 사람들은 여전히 나치가 내걸었던 구호를 반복하며 외칩니다.

화해하지 못한 곳에서는 자유롭게 숨 쉴 수 없습니다. 이들은 화해하지 못한 상대에게서 공격이나 모욕을 받을까 봐 두려워하며, 방어해야 한다는 압박을 느낍니다. 사적인 이야기를 나누면 오해받을까 봐 걱정하며 끊임없이 불안해합니다. 우리는 자신이 느끼는 것을 자유롭게 표현할 수 없습니다. 공격받았다고 느끼는 사람은 언제나 존재하기 마련입니다. 그들이 우리에게서 공격받았다고 느끼는 것은, 우리가 이야기하는 것이 그들이 화해하지 못한 것과 관련 있다고 생각하기 때문입니다. 우리가 자신과 화해하고 다른 사람과도 화해하면 자신의 정당함을 입증해야 한다는 압박에서 벗어나 자유를 느낄 수 있습니다. 우리는 단순히 존재하는 것만으로도 자유를 체험하게 됩니다. 화해는 우리가 내적으로나 외적으로 자유를 누리기 위한 필수 조건입니다.

신뢰

화해를 하면 사람들 사이에 신뢰가 생겨납니다. 남편과 아내가 각자 과거의 잘못을 진지하게 되돌아보고 화해할 때, 신뢰가 다시 생기는 것입니다. 서로를 다시 믿게 된 부부는 새로운 관계의 차원으로 나아갑니다. 이 과정에서 두 사람은 신뢰에 따르는 위험도 인식하게 되지요. 그리하여 그 신뢰를 소중히 지키기 위해 부부는 서로에게 감사하는 마음을 가지고 노력하게 됩니다.

화해는 고용주와 직원 사이에도 신뢰를 싹트게 합니다. 회사 사람들 사이에 신뢰가 쌓이면 사원들은 일을 더 잘하게 되고 회사에 대한 충성도도 높아질 것입니다. 여러 정당이나 단체의 신뢰도 화해를 통해 증진될 수 있습니다. 제2차 세계 대전 이후에 정당들은 훨씬 더 적대적인 관계였습니다. 그러나 오늘날에는 연합 정당이 가능합니다. 극우파와 극좌파 정당은 신뢰를 구축하기 어렵지만 현재는 프랑스인과 독일인이 서로 신뢰를 쌓고 있습니다. 많은 학생 교환 프로그램과 같은 다양한 교류가 이루어지고 있으며, 많은 독일인이 프랑스로 휴가를 떠나고 프랑스인 친구를 사귀고 있습니다. 이러한 화해는 두 민족 간의 관계를 완화하는 데 기여하고 있습니다. 신뢰는 우정이 싹트게 하는 토대가 됩니다.

일상생활에서도 화해는 신뢰를 만들어 냅니다. 예를 들어 슈퍼마켓에 가기 전, 물건을 평화롭게 구매할 것이라는 믿음이 있다면 우리는 홀가분한 마음으로 그곳에 들어갈 수 있습니다. 그렇지만 화해하지 못한 사람들은 사소한 일에도 자제력을 잃고, 누군가 자신을 모욕할 것이라는 걱정에 사로잡혀 긴장한 채 슈퍼마켓으로 들어가게 됩니다.

결국 화해는 다른 사람들을 신뢰하기 위한 필수 조건입니다. 화해하지 못한 사람들과 함께 있다면 신뢰는 싹틀 수 없습니다. 화해하지 못한 사람은 상대에게 다가갈 수 없고, 자신이 받아들이지 못한 것들을 상대에게 늘 투사하게 됩니다. 상대를 제대로 보지 않고, 늘 부정적인 시각으로만 바라봅니다. 신뢰에 기반한 관계를 맺는 것은 불가능해집니다.

결속

화해는 사람들 사이에 일어나는 분열, 사회 내의 갈등, 민족 간의 대립을 없애 줍니다. 새로운 결속을 형성하지요. 오늘날 모든 사람이 결속을 갈망합니다. 누군가와 결속되어 있다고 느끼는 사람은 외롭지 않다고 생각합니다. 그리고 결속을 느끼는 사람들에 의해서 자신이 안전하다고 여깁니다. 결속은 개인의 영혼에 긍정적인 영향을 미칠 뿐만 아니라 사회와 세상의 분위기에도 기여합니다. 기후 정책이나 난민 문제 같은 미래의 도전 과제를 함께 해결할 수 있는 기초가 됩니다. 인류의 큰 문제는 결속을 통해서만 해결할 수 있으며 대립한다면 해결할 수 없습니다.

우리는 영혼 깊은 곳에서 세상의 모든 사람과 결속되어 있습니다. 중요한 것은 이러한 연결을 의식하는 것입니다. 그러면 갈등이 상대화되며, 더 이상 우리를 분열시키지 못합니다. 우리는 깊이 결속되어 있음을 느끼기 때문에 삶의 구성 요소인 갈등과 다름을 수용합니다. 프란치스코회 리처드 로어Richard Rohr 신부는 "완벽한 게 아니라 결속되어perfect but connected" 있어야 한다고 말합니다. 우리가 결속되어 있다고 느낀다면, 이 세상에서 지속 가능한 삶을 함께 찾아나갈 수 있습니다. 갈등을 고조시켜서는 안 되며, 오히려 모든 갈등에도 불구하고 결속되어 있다는 인식을 가지고 그 갈등을 바라보아야 합니다.

사람들이 서로 결속되어 있다고 느끼는 사회에서는 긍정적인 영향을 주는 분위기가 형성됩니다. 전 세계의 행복 지수를 조사했더니 명확한 결과가 나왔습니다. 사람들이 결속되어 있다고 느끼는 나라에서 삶에 대한 만족감이 가장 높았습니다. 그런 나라에서는 사회적 긴장도 더 적습니다.

창의성

결속이 있는 곳에서는 창의성이 싹틉니다. 부모, 형제자매와의 유대감을 느끼는 아이들의 뇌에서는 창의적인 연결이 형성된다는 것이 뇌 연구자들의 확고한 주장입니다. 아이의 뇌는 다양하게 연결되기 위해 열려 있으며, 이러한 결속이 지배하는 영역에서 아이의 창의성을 담당하는 최상의 시냅스synapse(신경세포접합부)가 만들어집니다. 이 말은 기업과 국가에도 동일하게 적용될 수 있습니다. 사원들이 서로 결속감을 느끼는 회사는 창의적인 아이디어를 자유롭게 내는 분위기가 조성되며, 사원들은 적극적으로 새로운 해결책을 찾는 데 관심을 가지게 됩니다. 그러나 두려움이 지배하는 곳에서는 창의성이 생기지 않고, 사기 사건 같은 부정적인 일만 일어납니다. 예를 들면, 폭스바겐의 배기가스 조작 사건이 그렇습니다. 이 회사에 다니던 사원들은 억압받았으며 회사 경영진은 두려운 분위기를 조성했습니다. 이 때문에 결국 사원들은 부정행위에 가담하게 되었습니다.

이러한 원리는 사회와 민족에게도 적용됩니다. 결속이 강한 곳에서 창의성이 생겨난다는 것 말입니다. 예수회의 알프레드 델프Alfred Delp 신부는 1944년에 감옥에서 부속가(성령송가)에 나오는 "오소서, 성령님Veni sancte spiritus"이라는 문구를 묵상하면서 창의성이 결여된 세대에 대해 다음과 같이 언급했습니다. "어느 민족에게는, 어느 세대에게는 창의적인 것이 더 이상 갑자기 떠오르지 않는다. 실제적 인식과 특정한 형상, 예술과 정치, 철학과 신학, 종교와 관련해서도 그러하다."(Alfred Delp, Gesammelte Schriften, Band 4, Frankfurt 1984, 288) 델프는 전체주의 국가에서 이러한 깨달음을 얻었습니다. 전체주의 국가는 두려움을 만들어 냅니다. 두려움이 감도는 환경에서는 창의성이 싹트지 않습니다. 화해는 각 민족 안에서 새로운 생각들이 나오기 위한 전제 조건입니다. 이는 철학과 신학, 자연 과학과 기술, 문화에도 적용됩니다. 역사를 살펴보면 평화로운 시대가 있었고, 문화가 꽃피운 시대도 있었습니다. 평화로운 시대에 서로 다른 민족들로 구성된 사람들은 서로 화해의 길을 찾았습니다.

오늘날, 창의성은 회사 경영진에게도 필수적입니다. 예전에는 향후 10년을 내다보며 계획하는 것이 유능한 간부의 기준이었지만 요즘엔 사회가 급변하기 때문에 장기적인 계획은 더 이상 유효하지 않습니다. 창의적인 해결책이 점점 더 중요해지고 있지요. 이는 정치에도 해당됩니다. 오랫동안 정치를 규정했던 옛날의 법률은 더 이상 의미가 없는 것도 있습니다. 기후 변화, 세계적인 전염병, 전쟁으로 번질지 모를 갈등으로 인해 새롭게 상황에 효과적으로 대응하기 위해서는 창의성이 필수적입니다.

정의

성경에는 "사람은 자기가 뿌린 것을 거두는 법입니다."(갈라 6,7)라는 말씀이 있습니다. 따라서 정의의 씨를 뿌리는 사람은 평화의 열매를 거둡니다. 정의와 평화는 서로 밀접한 관련을 맺고 있습니다. 화해가 이루어지지 않은 곳에서는 부당한 구조가 생겨나고, 기회와 이윤도 불공정하게 분배됩니다. 돈이 지배하는 곳에는 정의가 존재하지 않습니다. 그러한 곳에서는 언제나 더 많은 돈이 우선시됩니다. 정의는 내가 인간으로서 나 자신에게, 나의 본질에 합당하게 되는 것을 의미합니다. 내가 돈의 지배를 받게 되면, 나는 나의 본질에 합당하지 않습니다. 다른 사람들에게도 마찬가지이지요. 내가 돈의 지배를 받으면, "각자에게 각자의 것을suum cuique"이라는 정의의 원칙을 잊게 됩니다. 결국 나에게 중요한 것은 다른 사람의 권리가 아니라 오직 나 자신의 욕구를 충족하는 것이 됩니다.

　사적인 영역에서 보면, 화해하지 못한 사람은 부당한 일을 당한 이들에게 압력을 행사합니다. 즉 자신이 싫어하는 사람들, 자신을 부당하게 대우한 사람들에게 복수하는 것입니다. 많은 사람이 어린 시절 부모에게서 부당한 대우를 받았다고 생각합니다. 아버지는 형을, 어머니는 여동생을 자신보다 더 사랑했다고 느끼기 때문입니다. 자녀가 받은 부당한 대우는 부모가 자신의 욕구를 자녀에게 투사했음을, 살아온 삶과 화해하지 못했음을 보여 줍니다. 부모는 자신이 자녀를 공평하게 대했다고 생각합니다. 그렇지만 자신이 밀어낸 욕구를 자녀에게 투사한다는 것, 자신이 바랐던 삶을 사는 자녀에게 마음이 더 기운다는 것을 알아채지 못합니다. 어린 시절에 부당한 대우를 받았다고 여기는 사람들은 통상적으로 남들에게 불공정한 행동을 하면서 자신의 감정을 해소하려 합니다. 부모의 행동에 고통받았음에도 같은 행동을 하며 다른 사람에게 똑같은 상처를 줍니다.

　현재 이 세상에서는 재화가 불공정하게 분배되고 있습니다. 우리가 정의를 실현하기 위해 노력하더라도 지상에 절대적인 정의는 존재하지 않을 것입니다. 그래도 우리는 예수님께서 말씀하신 것처럼 정의를 갈구해야 합니다. 정의를 위해 세상에서 적극적으로 행동해야 하며, 동시에 절대적 정의는 존재하지 않는다는 사실과 화해해야 합니다. 따라서 각 개인은 자신보다 더 안락하게 사는 사람들과 화해해야 합니다. 이는 내가 만족한다는 것을 의미하지 않습니다. 우리는 정의를 위해서 싸워야 하며, 그 과정에서 마주하게 되는 한계와도 화해해야 합니다.

민족들의 화해는 우리가 사는 세상이 정의로 가득 차게 하기 위한 필수 조건입니다. 화해가 이루어진 세상에서는 사람들이 정의를 위해 힘씁니다. 세계화 시대에서 정의는 인류가 함께 성장하고 자원을 공평하게 분배하기 위해 반드시 필요합니다. 세계화가 강자들의 권력에 의해 유지된다면, 이는 투쟁과 전쟁, 적대 관계의 근원이 될 것입니다. 세계화는 정의와 결부되어야만 인류에게 복이 될 것입니다. 현재의 긴장은 미국의 경제적 이익 추구와 관련이 깊습니다. 미국은 세계의 경제를 이용해 자국의 이익을 도모하며, 이를 통해 세계화의 방향을 규정하려 합니다. 그러나 이는 많은 국가에서 저항을 불러일으킵니다. 저는 남아프리카의 여러 나라에서 이러한 저항을 목격했으며, 경제적으로 미국과 밀접한 관계에 있는 아시아의 여러 나라에서도 비슷한 상황을 보았습니다. 화해는 저항과 편견을 제거합니다. 앞으로도 전 세계가 진정으로 하나가 되려면 화해가 필요합니다.

조화

조화는 고대 그리스 철학의 핵심 개념 중 하나로, 반대되는 요소들이 잘 어우러져 하나가 되는 것, 다양한 요소가 전체를 위해 균형을 이루며 일치하는 것을 의미합니다. 고대 그리스인들은 '세상의 조화harmonia mundi'에 관해 이야기했습니다. 피타고라스는 '우주의 음악Sphärenharmonie'을 들었다고 전해집니다. 인간이 만든 음악에서도 이러한 천체의 화음을 표현하고자 했습니다. 조화는 결국 모든 것이 일치하고 서로 반대되는 면을 받아들이는 것을 의미합니다.

조화와 조화를 이룬 것의 의미는 다릅니다. 조화를 이룬 경우, 우리는 반대된 것이나 모순된 것을 인식하지 않으려 합니다. 이럴 때, 화해에 대한 잘못된 감정이 생길 수 있습니다. 그러나 조화는 상반된 사람들도 서로 일치하며 교류한다는 것을 의미합니다. 예를 들어 파티에 초대받아 참석했을 때, 나중에 '참 멋진 밤이었어.'라는 생각을 할지도 모릅니다. 그러나 그 뒤에 '멋진 밤을 보내려면 무엇을 해야 할까?'라는 질문이 떠오를 수 있습니다. 초대한 사람의 편안함, 관대함, 호의가 중요합니다. 그는 생각과 감정이 잘 통하는 사람뿐만 아니라, 자신과 다른 견해를 가진 사람들도 초대했을 것입니다. 이때 입장이 서로 다른 사람들은 조화를 깨지 않습니다. 모두가 반대되는 의견을 넘어설 준비가 되어 있었기 때문입니다. 하지만 주최자가 스트레스를 받거나 내적으로 갈등을 겪거나 모든 손님을 소개해야 한다는 압박을 느낀다면, 방문객들은 이러한 불안을 감지했을 테고, 파티를 즐기기 어려울 것입니다. 주인이 자신의 내적 갈등을 해소하고 화해의 빛을 비추어야만 조화로운 파티를 즐길 수 있습니다.

용기

현대 신학자 로마노 과르디니Romano Guardini는 용기를 다음과 같이 설명합니다. "용기는 자신이 존재한다는 것을 받아들이는 것이다. …… 존재한다는 것은 좋은 것과 나쁜 것, 기쁨과 고통으로 얽혀 있다. 다시 말해 도움을 주고 지탱해 주는 것뿐만 아니라, 방해하고 짐을 지우는 것도 포함된다. 그러나 용기는 마음에 드는 것이나 쉽게 할 수 있는 것을 찾아내는 것을 의미하지 않는다. 오히려 전체를 있는 그대로 받아들인다는 것을 뜻한다."[20] 이를 보면 용기는 받아들이는 것과 관련이 있습니다. 자신이 겪은 일이 때로는 괴롭더라도 그것을 감수할 준비가 되어 있는지 말입니다. 용기는 자신에게 요구되는 것을 찾아내는 것이 아니라, 그것을 받아들이는 자세입니다.

　이런 맥락에서 용기는 화해와도 깊은 관련이 있습니다. 화해는 간단한 일이 아니며, 내면의 갈등과 외부에서 겪는 어려움을 수용하기 위해서는 씩씩함과 담대함이 필요하다는 것을 가르쳐 줍니다. 용기는 화해의 열매이기도 합니다. 내가 나 자신과 화해하면, 내가 겪은 일을 받아들일 용기를 내면에서 발견할 수 있습니다. 또한 용기는 앞으로 내게 일어날 일을 받아들일 준비가 되어 있는 마음이기도 합니다. 과르디니는 용기는 미래를 바라보며 무언가를 과감히 시도할 때 생긴다고 말합니다. "용기는 앞으로 일어날 것을 받아들이고, 그 안에서 자신의 과제를 바라보며, 그 안으로 들어가는 것"[21]이라고 말입니다. 화해가 이루어진 곳에서 나는 무언가를 시도할 용기를 낼 수 있습니다. 본인의 어두운 면을 나에게 투사하는 사람들에게 맞서기 위해 끊임없이 안전장치를 마련해 놓을 필요가 없기 때문입니다. 나는 사람들이 내가 한 말에 즉시 상처 주는 말로 반격할까 봐 두려워할 필요가 없습니다. 화해가 이루어진 세상에서는 있는 그대로의 나를 드러낼 수 있고, 나에게 알맞은 말을 할 수 있습니다. 타인이 내가 한 말에 어떻게 반응할지 끊임없이 고민할 필요가 없고, 문제를 처리할 용기를 낼 수 있습니다. 실수를 저질러 사람들에게 길게

설명해야 할지도 모른다는 걱정 없이 말입니다.

희망

화해가 이루어지면 사람들에게 희망이 가득 찹니다. 희망은 사람들에게 생기를 불어넣습니다. 독일어로 '희망하다hoffen'는 '껑충껑충 뛰다hüpfen'에서 유래했습니다. 이는 우리가 기쁘고 행복하게 살기 위해 필요한 활기를 표현합니다. 고대 로마인들은 "숨을 쉬는 한, 나는 희망한다Dum spiro spero."라고 말합니다. 희망은 본질적으로 인간을 위한 것입니다. 에른스트 블로흐Ernst Bloch는 자신의 대표작 《희망의 원리Das Prinzip Hoffnung》에서 희망이 스며들어 있는 인간적 행위만이 가치 있다고 주장했습니다. 희망은 에너지의 원천입니다. 내가 하는 일을 통해 세상에 희망을 전달할 수 있음을 깨닫는다면, 나는 자발적으로 일하고, 그 과정에서 기쁨도 느낄 것입니다. 이렇게 되면 나는 더 많은 에너지를 가지고 일을 잘 해낼 수 있습니다. 그러나 우리는 어떠한 직업이나 일을 통해서만 희망을 전하는 것이 아니라 인격체로서 사람들에게 희망을 전합니다. 여기서 다음과 같이 자문해 보는 것도 좋은 영적 연습이 될 것입니다. "나는 인격체로서, 다른 사람들과의 만남에서, 대화를 하거나 글을 쓰면서, 다른 사람들에게 어떤 희망을 전해 주는가?"

블로흐에게 희망은 새롭고 바람직한 미래를 창조하는 힘입니다. 좋은 건축가는 자신의 건축물로 희망을 설계한 사람입니다. 그런 건축물에는 아름다움, 안전함, 보호받음, 그리고 고향 같은 편안함에 대한 희망이 깃들어 있습니다. 좋은 교사는 아이들에게 삶의 의미와 희망을 전하며 아이들이 삶을 스스로 꾸려 나가고 밝은 미래를 꿈꿀 수 있도록 희망을 심어 줍니다. 의사는 환자에게 치유의 희망을 전하고, 과학자는 사람들에게 에너지 위기나 기후 위기, 전염병 확산에 대응하기 위한 새로운 해결책에 대한 희망을 전합니다. 화해가 이루어진 세상에서만 희망이 피어나고 가득 차게 됩니다. 사람들이 서로 화해하지 못한다면, 우리는 화해를 선택하고 희망을 포기해서는 안 됩니다. 희망은 기대와는 다릅니다. 기대는 우리를 실망시킬 수 있지만 희망은 우리를 실망시키지 않습니다. 우리는 언제나 다른 사람을 위해 희망하고, 그 사람에게 희망을 두기 때문입니다. 바오로 사도가 한 말처럼 우리는 보이지 않는 것을 희망합니다(로마 8,25 참조). 그러므로 희망은 세상에서 화해를 위한 원동력이자, 동시에 화해의 열매입니다.

희망의 철학에 관해 기술한 프랑스 철학자 가브리엘 마르셀 Gabriel Marcel은 희망과 공동체는 밀접한 관계에 있다고 말합니다. 나는 결코 나 혼자만을 위해 희망하지 않으며, 결국에는 항상 우리 모두를 위해 희망합니다. 마르셀은 개인주의를 오늘날 많은 사람이 희망을 품기 어려운 원인으로 봅니다. 화해가 이루어진 공동체 경험이 필요합니다. 그래야만 희망이 우리 안에서 피어날 수 있습니다. 모든 문제에도 불구하고 희망이 우리가 사는 세상의 밝은 미래를 꿈꾸게 하고, 이를 위해 헌신하도록 우리에게 힘을 줄 수 있습니다.

오늘날 우리는 화해를 가로막는 다양한 어려움을 목격합니다. 우리에게는 더욱더 희망이 필요합니다. 사회의 분열, 무력 충돌, 교회와 기업, 가정의 갈등과 같은 것들로 인해 희망을 놓아 버려서는 안 됩니다. 희망은 변화를 이끌어 낼 수 있는 힘입니다. 고대 그리스 철학자 헤라클레이토스는 "예기치 않은 것을 희망하지 않는 사람은 그것을 찾아내지 못할 것이다."라는 인상 깊은 말을 남겼습니다. 따라서 우리는 이따금 어두운 세상의 현실을 바라보면서도 희망을 내려놓아서는 안 됩니다.

성경은 우리에게 희망을 가지라고 독려합니다. 유다인들이 바빌론 유배에서 돌아왔을 때, 나라를 재건하는 일이 중단되었습니다. 유다 민족을 일으키기 위해 애쓰던 에즈라는 울면서 하느님께 죄를 고백하고, 이스라엘 백성이 큰 죄악을 저질렀다고도 고백합니다. 이때 스칸야는 에즈라에게 이렇게 말합니다. "저희는 저희 하느님을 배신하였습니다. …… 그렇지만 아직도 이스라엘에 희망은 있습니다."(에즈 10,2) 시편은 희망을 붙잡으라고 우리에게 거듭 요청합니다. "주님께 바라라. 네 마음 굳세고 꿋꿋해져라. 주님께 바라라."(시편 27,14) 다른 편에서는 이렇게 말합니다. "주님께 희망을 두는 이들은 땅을 차지하리니."(시편 37,9) 여기서 '땅을 차지하는 것'은 성공한 삶을 상징합니다. 희망은 지상에서 평화로운 삶을 살 수 있도록 합니다.

초기 그리스도인은 자신들이 사는 사회에서 희망의 빛을 발했습니다. 이는 주변 사람들에게 호기심을 불러일으켰습니다. '베드로의 첫째 서간'은 이방인들에게서 희망의 근원에 대한 질문을 받게 될 그리스도인에게 이런 가르침을 줍니다. "여러분이 지닌 희망에 관하여 누가 물어도 대답할 수 있도록 언제나 준비해 두십시오."(1베드 3,15) 이는 이 세상에 사는 그리스도인의 과제이기도 할 것입니다. 우리는 이 분열된 세상 한가운데서 사람들이 화해에 대한 희망을 품도록 누룩이 되어야 합니다. 부정적인 경험 때문에 위축되지 말고 희망을 붙잡아야 합니다. 이런 맥락에서

'히브리인들에게 보낸 서간'도 당시에(오늘날에도 그렇듯이) 자신들의 믿음과 희망을 지키는 데 지친 그리스도인에게 다음과 같이 요청합니다. "우리가 고백하는 희망을 굳게 간직합시다. 약속해 주시는 분은 성실하신 분이십니다."(히브 10,23)

맺음말

모든 화해는 새로운 시작이다

    모든 화해는 새로운 시작입니다. 바오로 사도는 '코린토 신자들에게 보낸 둘째 서간'에서 그리스도께서 자신과 모든 그리스도인에게 위임하신 '화해의 봉사직'에 관해 말하며 그리스도인은 새로운 피조물임을 상기시킵니다. "그래서 누구든지 그리스도 안에 있으면 그는 새로운 피조물입니다. 옛것은 지나갔습니다. 보십시오, 새것이 되었습니다."(2코린 5,17) 4세기에 살았던 수도자 에바그리우스 폰티쿠스Evagrius Ponticus는 실망하고 상처받이 과거를 끊임없이 회상하는 수도자들에게 이 성경 말씀을 되뇌어 자신 안으로 들여보내라고 합니다. 그러면 그들은 이런 깨달음을 얻게 될 것입니다. '이제 나는 과거에 갇혀 있지 않다. 그리스도 안에서 새로워졌다. 옛것을 떠나보낼 수 있다.'

고대 수도자들이 했던 이 체험을 오늘날 우리도 할 수 있습니다. 그들이 했던 방법대로 따라 하면서 말입니다. '나는 나의 역사와, 내 친구와, 배우자와, 직장 동료와 화해했다. 이제 나는 그리스도 안에서 새로워졌다.' 내가 화해하지 못하고 있으면 과거가 나에게 지운 짐을 감지하게 됩니다. 해묵은 갈등은 나를 억압하고 위축시키며, 나에게서 에너지를 앗아 갑니다. 화해를 하면 나는 오래된 분쟁과 오해 때문에 지게 된 짐, 선입견과 유죄 판결 때문에 지게 된 짐을 던져 버릴 수 있습니다. 이제 새롭게 시작할 수 있습니다. 그리고 새로 태어난 나 자신을 체험합니다. 삶의 의욕을 지니고, 새로운 에너지를 가지고, 미래에 대한 새로운 희망을 품으면서 말입니다.

많은 사람이 어떻게 살아왔는지에 따라 자신이 규정된다고 느낍니다. 그동안 많은 상처를 겪었고 장애물을 만났기에 자신이 손해를 봤다고 느끼는 경우가 많습니다. 그러나 화해는 약속입니다. 우리는 지금까지 살아온 삶에 의해 규정되지 않으며 화해한 사람으로서 언제든지 새롭게 시작할 수 있습니다. 과거의 짐을 끌고 다닐 필요 없이 말입니다. 우리는 과거를 잊지 않지만 과거와 화해함으로써 그 짐에서 벗어날 수 있습니다.

화해한 뒤에 '새로운 시작'에 대한 두 가지, 상반된 문장이 있습니다. 하나는 헤르만 헤세에게서 나온 것으로 "모든 시작에는 신비한 힘이 깃들어 있다."는 문장입니다. 다른 하나는 "모든 시작은 어렵다."는 말입니다. 친구와 화해하고 나면 새로운 시작의 마법을 알게 됩니다. 갑자기 예전보다 더 친밀하게 자신의 어두운 면까지 이야기할 수 있게 됩니다. 상대를 전폭적으로 신뢰하고, 상대에 대해 만들어 놓은 잘못된 상像에서 벗어나 성숙해졌음을 느낍니다. 힘든 시기를 겪으면서 상대를 오해하고 상대에게 상처받았지만 이제 이 어두운 시기를 뒤로하고 화해의 태양 아래로 나아갑니다. 우리는 밝고 온화한 빛 속으로 들어가 그 빛이 우리 안의 어두움을 비춘다는 것, 갈등을 겪는 동안 우리가 밀어냈던 것들을 받아들입니다.

새로운 시작의 마법은 아데나워와 드골이 서로 악수했을 때, 녹일인과 프랑스인이 새로운 관계를 맺게 되었을 때 경험할 수 있었습니다. 전쟁터에서 마주 보며 싸우던 병사들이 함께 미사에 참례했을 때도 그 마법을 느낄 수 있었지요. 동독과 서독의 화해에도 광채가 드리워져, 그 낭시 사람들은 서로에게 벽을 졌던 과거를 떠나보낼 수 있었습니다. 가난한 이들뿐만 아니라 서로 알지 못했던 이들도 친밀함을 느낄 수 있었습니다. 그들은 함께 통일의 축제를 즐겼습니다.

그러나 동독과 서독에 살던 사람들은 시작이 어렵다는 것을 깨달았습니다. 처음 행복을 느낀 후 양쪽 모두에게 실망감이 찾아왔습니다. 동독 사람들은 서독 사람들이 대체로 오만하고 아는 체한다고 생각했습니다. 서독 사람들은 동독의 낡은 구조에 실망하고, 그곳 사람들이 새로운 것에 저항하는 모습에도 실망했습니다. 동독 사람들은 서독 사람들이 더 많은 돈을 번다고 생각하며 시기심을 드러내기도 했습니다. 이는 정치가들뿐만 아니라 모든 시민이 화해하기 힘들다는 것을 깨닫게 해 주었습니다. 화해는 변화의 긴 과정을 의미합니다. 서독 사람들이 동독 사람들의 역사와 경험을 존중해야 새로운 것이 싹트고 자랄 수 있습니다. 양쪽 모두 선입견을 버리고, 새로운 관계를 받아들일 열린 마음을 지녀야 합니다. 그렇게 화해의 힘든 과정을 보내는 가운데 돌연 새로운 시작의 마법이 빛을 발할 것입니다.

화해한 부부도 시작이 어렵다는 것을 깨닫습니다. 부부는 각자의 상처와 실망을 떠나보내기로 결심하지만 오래된 상처가 다시 수면 위로 올라오면서 관계가 다시 멀어질 수 있습니다. 화해가 성공하기 위해 도움이 되는 방법은 화해 의식을 거행하는 것입니다. 신학자이자 심리치료사인 한스 옐루셰크Hans Jellouschek는 이러한 화해 의식을 부부 치료 과정에서 실행했습니다. 화해의식을 거행하면서 부부는 각자 자신이 받은 상처와 자신이 느낀 실망을 허심탄회하게 이야기하며 과거를 떠나보내고 새로 시작할 준비가 되었다고 진지하게 말합니다. 화해 의식 때 증인이 있는 것이 도움이 됩니다. 부부는 각자의 상처와 실망에 관해 글로 적고, 함께 읽은 다음에 불에 태워 없앨 수 있습니다. 화해한 뒤에 다시 옛 상처가 나타난다면 "나는 옛 상처를 불에 태웠다. 그 상처를 없애 버렸다."라고 자신에게 말할 수 있습니다. 그 후 화해의 축제를 열어도 좋습니다. 증인뿐만 아니라 다른 친구들도 초대하면 두 사람이 화해했다는 것을 친구들도 알게 됩니다. 그리고 친구들은 두 사람과 다시 좋은 관계를 유지할 수 있음을 느끼며 마음이 가벼워집니다. 부부가 화해하지 못하면 친구들까지 어색한 사이가 됩니다.

화해가 시작된 단계에서만 화해 의식을 거행하는 것은 아닙니다. 화해를 상기시키는 의식들도 늘 필요합니다. 독일 대통령이 프랑스를 방문했거나 프랑스 대통령이 독일에 올 때마다 독일과 프랑스의 화해를 기억하기 위한 의식이 거행되었습니다. 독일의 통일과 관련해서도 베를린 장벽이 무너진 기적을 떠올리기 위한 의식을 행하는 것이 중요합니다. 누군가는 이 사건에 대해 거창한 말을 늘어놓는다고 생각할지 모르지만, 함께 통일을 기념하는 것이 중요합니다. 동시에 통일을 도전으로 바라보며 오래된 편견을 버리는 것도 필요합니다.

부부나 친구들 각자가 화해할 때도 의식이 필요합니다. 부부에게는 매일 입을 맞추거나 포옹하는 의식이 필요하며, 해마다 화해의 날을 정해 놓고 의미 있는 축제를 열 수도 있습니다. 화해한 친구들은 도보 여행을 계획할 수도 있겠지요. 이러한 특정한 의식은 우리가 했던 화해를 떠올리게 하고, 그 화해를 견고하게 합니다. 의식은 우리가 화해할 때 느끼는 감정을 표현하며, 일상에서는 종종 잊게 되는 화해의 감정을 상기시킵니다. 이 화해의 감정은 우리 안에서 무언가를 움직입니다. 따라서 우리는 일상에서 화해를 계속 체험할 수 있습니다.

화해는 언제든지 가능합니다. 그러나 화해의 길 위에는 많은 걸림돌이 있습니다. 이 길에서 후퇴하거나 멀리 돌아서 가는 경우도 빈번하지만, 화해가 이루어진다는 희망을 잃어서는 안 됩니다. 이 책을 쓰면서 저는 화해에 대한 희망을 강화하려고 했습니다. 희망은 우리의 눈을 예리하게 하고, 지금 여기서 화해의 흔적을 발견하게 합니다. 또한 우리를 격려하며 지속적으로 화해를 시도하게 합니다.

화해에 관해 숙고한 내용들은 우리가 사는 시대에 이 주제가 얼마나 중요한지 보여 줍니다. 화해는 개인적 삶이 성공하기 위한 전제 조건일 뿐만 아니라 사회와 민족들 간에 좋은 관계를 유지하기 위해서도 필수적입니다. 사람들과의 화해, 민족들의 화해, 그리고 인간과 자연의 화해는 우리와 후손들이 이 지상에서 바람직하고 행복한 삶을 영위하기 위한 전제 조건입니다.

독자 여러분이 자신과 그리고 다른 사람들과 화해하고, 하느님과, 이 세상에 사는 피조물과 화해하며 살기를 바랍니다. 또한 여러분과 함께 살아가는 사람들에게 화해의 샘이 되기를 기원합니다.

주

1. Mitja Back / Gerald Echterhoff / Olaf Müller / Detlef Pollack / Bernd Schlipphak, Von Verteidigern und Entdeckern. Ein neuer Identitätskonflikt in Europa, Springer 2022.
2. 독일 국민 가운데 14퍼센트는 '급진파'에 속하고, 20퍼센트는 '온건파'에 속한다. Cf. Back, Von Verteidigern, 2022, p.3.
3. Cf. Ulrich Schnabel, Wenn es darauf ankommt, ZEIT, 22.09.2022, p.27-28.
4. 인용: Schnabel, Wenn es darauf ankommt, 2022, p.28.
5. Cf. Ulrich Schnabel, Wenn es darauf ankommt, ZEIT, 22.09.2022, p.27-28.
6. 인용: Schnabel, Wenn es darauf ankommt, 2022, p.28.
7. 인용: Anant Agarwala / Anna-Lena Scholz, Die Spaltung ist ein Angstszenario, in: ZEIT, 22.09.2022, p.29.
8. Friedrich Nietzsche, Also sprach Zarathustra, in: Werke. hg. v. K. Schlechta, München 1954, Bd. 2, p.295.
9. 이에 관해서는 다음 책을 보라: John A. Sanford, Alles Leben ist innerlich. Meditationen über Worte Jesu, Freiburg 1974, p.90-91.
10. Cf. ibid., p.96-97.

11 Albert Görres, Das Böse. Wege zu einer Bewältigung in Psychotherapie und Christentum, Freiburg 1982, p.137.

12 Richard von Weizsäcker, Der 8. Mai 1945, in: Deutsche Reden von Luther bis zur Gegenwart, hg. v. Gert Ueding, Frankfurt 1999, p.274-275.

13 Agarwala / Scholz, Die Spaltung ist ein Angstszenario, ZEIT, 22.09.2022, p.29.

14 Ibid.

15 Weizsäcker, Der 8. Mai 1945, p.274.

16 Ibid., p.275.

17 Guido Kreppold, Die Indianer und das weiße Christentum, Augsburg 1996, p.41.

18 Eduard Lohse, Die Briefe an die Kolosser und an Philemon, Göttingen 1977, p.101.

19 Peter Huchel, Die Gedichte, hg. v. Axel Vieregg, Frankfurt 1997, p.320.

20 Romano Guardini, Tugenden, Meditationen über Gestalten sittlichen Lebens, 3. Auflage Würzburg 1987, p.93.

21 Ibid., p.97.